AF456359

ÉLOGE
DE LOUIS,
DAUPHIN DE FRANCE,
PÈRE DU ROI:

Discours qui remporta le prix, en 1779, proposé par une Société, amie de la Religion et des Lettres;

PAR M. L'ABBÉ DE BOULOGNE,

Prédicateur ordinaire du Roi, et aujourd'hui ÉVÊQUE *de Troyes.*

Nil opis externæ cupiens, nil indiga laudis
Divitiis animosa suis.....

CLAUDIEN.

A PARIS,

Chez Adrien LE CLERE, Imprimeur de N. S. P. le Pape et de l'Archevêché de Paris, quai des Augustins, n°. 35.

M. DCCC. XIV.

AVIS
DE L'ÉDITEUR.

On répète beaucoup, et on ne sauroit trop le rappeler à la mémoire des François, que Louis *XVIII est le descendant de saint* Louis, *le fils de* Henri *IV, et de* Louis *XIV, le frère d'un Roi martyr, et de deux illustres Princesses,* Clotilde *et* Elisabeth, *ces deux ames célestes, dont la première va bientôt avoir des autels. Mais on semble oublier qu'il est le fils de* Louis Dauphin, *de ce Prince à jamais regrettable, auxquels le ciel avoit départis les plus beaux dons du cœur et de l'esprit : nous avons donc cru rendre service au public, et concourir à la gloire du Roi, et à celle de son auguste race, en publiant, dans les heureuses circonstances où se trouve la France, l'éloge de ce grand Prince, Discours qui a eu beaucoup de vogue dans le temps, et qui commença la réputation littéraire du jeune Orateur.*

AVERTISSEMENT.

UNE Société qui s'intéresse vivement au progrès de l'éloquence, proposa, à Paris, en 1778, un Prix de 1200 liv. pour l'Eloge de feu M. le DAUPHIN. Le concours fut nombreux; mais la Société ne jugeant pas ses intentions remplies, ne couronna aucun Discours. Le Prix fut remis & doublé pour l'année suivante. Des Juges également recommandables par leurs vertus & leurs lumières, viennent de prononcer l'arrêt qui l'adjuge; & quoique cet arrêt ne soit point émané d'un Corps Académique, je ne m'en sens pas moins honoré.

Fidèle aux termes du Programme, & toujours renfermé dans les bornes qui m'étoient prescrites, je n'ai peint le

DAUPHIN, que *comme un Prince dont la Religion a conſacré les vertus, & dont la première a été de ſe dérober à l'admiration de ſon ſiècle.* Si ce dernier point de vue n'offre pas un champ bien vaſte à l'éloquence, il n'en eſt pas moins intéreſſant pour toute ame ſenſible. On aime à voir un jeune Prince qui, avec tous les talens, n'en affecte jamais aucun; aſſez grand pour ſe ſuffire à lui-même; d'une trempe aſſez vigoureuſe pour ne chercher dans la gloire ni dédommagement ni appui. Rien ne frappe dans ce tableau, mais tout y attache; on ſe ſent pénétré par degrés; & s'il étoit un Lecteur qui ne crût pas à la vertu, il ſeroit tout ſurpris, à la fin du Diſcours, de la trouver dans le fond de ſon cœur.

Etranger aux intrigues par ſon caractère, & aux affaires par ſa place, le DAUPHIN n'a pas pu nous offrir beaucoup d'événemens : mais les faits que ſa vie nous a tranſmis ſont tous infiniment précieux. Tous ſuppoſent en lui les plus beaux dons de la Nature. De ſorte qu'en faiſant ſon Eloge, j'étois ſurpris tout à la fois de la ſtérilité des événemens, & de la fécondité du ſujet.

En célébrant le Germanicus de la France, je n'ai fait qu'obéir à mon cœur. Il eſt ſi doux de parler du bonheur même qu'on regrette! Pouvois-je mieux, d'ailleurs, honorer mes foibles efforts, que de les mettre, pour ainſi dire, ſous les auſpices de la Vertu.

On ne ſauroit trop applaudir aux reſpectables Citoyens qui, dans leur zèle noble & pur, ouvrent à l'émulation publique une lice aussi utile qu'honorable, & se proposent de maintenir la Religion par l'éloquence, & l'éloquence par la Religion. Puissent ces nouveaux encouragemens ramener parmi nous l'amour du grand avec celui du vrai, & réveiller quelques étincelles de ce beau feu qui brilloit dans le dernier siècle!

ÉLOGE
DE LOUIS,
DAUPHIN DE FRANCE,
PERE DU ROI.

IL est une gloire pure & ſimple, qui appartient toute entière au vrai ſage; gloire que la fortune ne peut ni lui donner, ni lui ravir, indépendante des circonſtances, ſupérieure à la loi des temps, inacceſſible aux illusions de l'amour-propre; qui n'impose, ni par de grands succès, ni par de grands spectacles; d'autant moins équivoque, qu'étant toute dans l'ame, elle n'emprunte rien de l'opinion, ni de l'enthousiasme: c'est la vertu sans faste, comme sans effort.

Mais plus ce genre d'élévation exclut tout éclat étranger, moins aussi frappe-t-il le vulgaire. Toujours injustes ou toujours distraits, plus occupés des grands effets que des grands motifs, les hommes n'admirent guères que ce qui brille. Celui qui se contente de vivre sans remords, vit ordinairement sans gloire; & comme si la plus belle récompense de la vertu modeste étoit de ne jouir que d'elle-même, rarement elle échappe à la censure ou à l'oubli.

Telle fut la destinée de LOUIS DAUPHIN. Plus jaloux de la paix de son cœur que du vain bruit des applaudissemens, plus empressé de devenir utile que de se montrer nécessaire, il resta inconnu à son siècle, dont il fuyoit l'admiration; & parce qu'on ne remarqua point dans le cours de sa vie, de ces actions d'éclat qui remplissent les histoires, on oublia long-temps ces grands devoirs qui remplissoient ses journées.

O vanité des Renommées! O éternelle contradiction des jugemens humains! Les uns ne voyoient dans le DAUPHIN qu'un esprit rétréci, peu susceptible des idées vastes & des vues profondes du gouvernement; les autres, qu'un enthousiaste pieux, plus vertueux par goût que par principes; presque tous, que le Fils d'un Roi qu'il falloit ménager, parce qu'on avoit de lui beaucoup à espérer ou beaucoup à craindre.

Ainsi, soit que notre admiration fût alors entraînée par la rapidité brillante des événemens politiques; soit que notre frivolité ne pût atteindre à l'héroïque simplicité de son caractère, l'erreur dura & les opinions flottèrent, jusqu'à ce que sa mort vint dissiper tous les nuages, fixer tous les jugemens, & nous révéler tout le secret de sa grandeur. Alors tous les esprits se réveillèrent: la Nation vit sa perte immense, les Etrangers prirent le deuil, l'Europe entière devint Françoise, l'irréligion elle-même reconnut le grand homme dans le Chrétien; tous les Citoyens à l'envi s'empresserent de le venger de leur injustice, ou plutôt de leur trop longue inattention, & nos éloges furent alors inépuisables comme nos pleurs.

Quinze ans après sa mort, une Société respectable, au risque de rouvrir les plaies de la Patrie, invite l'éloquence à le célébrer; d'autant plus digne de son Héros, qu'à son exemple elle cache sa générosité, & qu'elle veut, comme lui, rester inconnue. Auroit-elle pensé que les Panégyristes de ce Prince se fussent plus occupés de ses talens que de ses vertus, plus de ses vertus que de sa religion, qu'ils n'eussent point assez pénétré dans le sanctuaire de son ame, & qu'ainsi les grands traits de son caractère leur ayant échappé, LOUIS DAUPHIN eût été jusqu'ici plus célébré que connu, plus plaint encore que regretté? Voudroit-elle ranimer parmi nous l'éloquence visiblement déchue, si déja elle n'est point éteinte, en offrant aux talens des objets dignes d'eux? Quoi qu'il en soit, ses intentions sont nobles, efforçons-nous de les ſeconder, en faiſant l'hiſtoire du juſte. Peignons dans le DAUPHIN une ame vraiment ſublime; un Sage qui n'aſpira jamais à n'être que lui-même; un Héros de tous les momens; un Prince qui, par ſa modeſtie, s'éleva au-deſſus de ſes propres vertus, qui ſut ſe conſoler de ſon obſcurité par ſes travaux, de ſes revers par ſa conſcience, penſer en Roi & vivre en ſimple Citoyen; à jamais regretté par tout le bien qu'il fit, & plus encore par celui qu'il voulut faire: & raſſemblant, ſous deux vues générales, les traits épars de ſa gloire, montrons-le comme un Prince d'autant plus digne de notre admiration, qu'il s'empreſſe de la fuir; d'autant plus reſpectable dans ſes vertus, que la Religion les conſacre.

IL paroît d'abord difficile de ſuivre le DAUPHIN dans la route qu'il a tenue. Il ſe plaît tant à ſe réfugier dans l'oubli, à tromper nos recherches ; il aime tant les ſentiers ignorés, qu'on déſeſpère preſque de l'atteindre : c'eſt l'erreur de nos ſens. Les vrais tréſors de la vertu ne ſe trouvent jamais dans l'éclat qui la ſuit, mais dans l'aſyle obſcur & ſolitaire qui la cache. Ainſi, quand la Nature élabore ſes ſubſtances les plus précieuſes, elle ne produit point ſon travail au grand jour, mais le recèle dans le ſecret & la profondeur de ſes mines.

Suivons donc le DAUPHIN à travers tous les voiles dont s'enveloppe ſa ſageſſe. Conſultons les confidens de ſon cœur. Interrogeons ces écrits précieux, dignes fruits de ſes veilles, où ſa belle ame reſpire encore ; épions tous les inſtans où ſa modeſtie le trahit ; efforçons-nous de lui ſurprendre ſon ſecret, quand nous ne pourrons l'obtenir ; & le jugeant toujours à l'inſu de lui-même, faiſons parler juſqu'au ſilence de ſa retraite.

A peine dégagé des entraves de sa première éducation, le DAUPHIN se hâte de disparoître. A cet âge où le besoin de se répandre domine sur les autres besoins, où l'ame si long-temps captive veut s'échapper par tous les sens, & se précipite vers tous les objets, il forme le généreux dessein de se dérober à la foule pour se rendre tout entier à lui-même. Désormais il ne jouira de sa liberté, que pour jouir en paix de sa retraite. Il n'y portera point un cœur usé, mais une ame toute fraîche, que n'a point flétri le plaisir, que le dégoût n'a point désabusée. Obligé de la quitter souvent par devoir, il y reviendra toujours par attrait. Les nœuds de l'hymen ne feront que l'y attacher davantage, & sa Compagne, digne de lui, l'embellira sans la troubler.

Quel est cet éloignement invincible, qu'ont tous les hommes pour la retraite? Seroit-ce donc qu'ils sont trop foibles pour vivre sans appui? ou trop vains pour vivre sans témoins? ou bien trop misérables pour se passer de distractions? Il faut, pour s'y livrer, une ame peu commune; assez courageuſe pour ſe détacher de tous les objets qui ſéduiſent, & aſſez pure pour ne pas craindre de ſoutenir long-temps la vue d'elle-même. J'ai dépeint l'ame du DAUPHIN. Un ſeul objet l'occupe tout entier, c'eſt le plan raiſonné qu'il vient de faire de ſes travaux; une ſeule vue l'effraye, celle de l'ignorance & de l'oiſiveté. Dans un pareil état, que ſa retraite aura de charmes! Suivons-le dans cet aſyle. Là, ſon ame s'épure autant que ſon génie s'élève. Tantôt, dans une paix touchante, il y jouit des délaſſemens que lui préſentent les Beaux-Arts; & tantôt effrayé de la rapidité du temps, il entend la Patrie qui lui demande compte de ſes journées. Là, il commence lui-même une nouvelle éducation. « Il ſent le tort » de ſon enfance, & forme le projet de le » réparer » (*a*). Là, les plus grands objets ſe développent ſous ſes yeux. L'antiquité lui déploye ſes chefs-d'œuvres, & lui rend familières les plus belles productions du génie. Les Langues, après l'avoir conduit

(*a*) Expreſſions de M. le Dauphin.

dans des déserts arides, l'introduisent enfin dans les champs les plus riches de la Littérature étrangère. La Philosophie, non cette inquiète & téméraire raisonneuse, mais ce guide fidèle, qui dirige l'esprit sans le corrompre, lui dicte ses sublimes leçons. L'Histoire, qu'il appelle lui-même « l'école » de la politique & la leçon des Rois » (*a*), lui raconte les crimes de l'ambition, les malheurs des Peuples, les grandes injustices des Nations, les fautes des Princes, la suite déplorable de leurs passions ou de leur ignorance, & les arrêts de la postérité qui verse sur leur nom la gloire ou l'infamie. C'est l'Orateur Romain qui le fait remonter jusqu'aux principes éternels de la conscience. C'est Mallebranche qui lui peint les erreurs de l'imagination. C'est Locke qui prévient celles de son intelligence. C'est Montesquieu qui lui découvre « des vérités utiles, » semées parmi des erreurs dangereuses » (*b*).

(*a*) Mss. du Dauphin.

(*b*) Mss. du Dauphin. « Je trouve, disoit-il encore, » que M. de Montesquieu raisonne en Philosophe,

C'eſt d'Agueſſeau qui le nourrit des grands principes de la Monarchie Françoiſe. C'eſt Fénélon qui le conduit à la ſageſſe ſur les pas de la fiction. C'eſt Boſſuet qui l'élève à la hauteur de ſes penſées. Quel vaſte cercle il parcourt ! que d'objets à la fois viennent exercer ſa ſagacité, ou orner ſa mémoire ! Les différentes branches de l'Adminiſtration, dont il ſaiſit tous les détails & dont il embraſſe l'enſemble. Le Commerce, dont il peſe les avantages. Les Finances, dont il ne dédaigne pas les calculs. Le Droit public, où il démêle les loix de la force d'avec celles de la juſtice. La Juriſprudence criminelle, où il diſtingue le code de l'humanité d'avec celui de la barbarie. Le chaos tout entier de nos inſtitutions qu'il débrouille, mer immenſe, triſte monument des abus de nos peres, inutile remède des maux préſens. La politique qu'il apprend dans la morale. L'art

» mais en Philoſophe trop Phyſicien ». Trait ſimple, mais profond, qui caractériſe parfaitement l'Auteur de l'Eſprit des Loix.

de régner, celui de tous qu'il étudie le plus, quoiqu'il le trouve dans ſon cœur. Rien ne rallentit ſes efforts; ſa patience eſt inépuiſable comme ſon génie. Rien de tout ce qui eſt utile n'eſt au-deſſus ni au-deſſous de lui; & parmi ces différentes diſcuſſions ſouvent rebutantes, toujours laborieuſes, le DAUPHIN eſt heureux, car il eſt oublié (1).

Nous ne craignons donc pas qu'il ſe prévaille de ſes connoiſſances; & que joignant la ſupériorité de ſes lumières à celles de ſon rang, il veuille ſubjuguer l'admiration comme il commande le reſpect. C'eſt le défaut trop ordinaire des Princes, de vouloir mettre dans leur raiſon la même hauteur que dans leur naiſſance, & de chercher à dominer, par leurs opinions comme par leur pouvoir. Cultiver ſa raiſon pour embellir ſon ame, & ne chercher dans ſes lumières que de nouveaux moyens de devenir meilleur, c'eſt la grande ambition du DAUPHIN. Dans un épanchement que lui a ſurpris l'amitié, il fait part à un confident du réſultat de ſes études; & auſſi-tôt averti par ſa modeſtie, il lui demande le ſecret de ſes connoiſſances, comme ſi c'eût été celui de ſes foibleſſes. Un illuſtre étranger (2) l'entretient, ſans le connoître: & quelle eſt ſa ſurpriſe, quand il apprend que ce jeune Officier, qui n'a rien de remarquable que ſa modeſtie, & rien de frappant que ſes lumieres, eſt M. le DAUPHIN. Admis au Conſeil, dans un âge où l'ame eſt pleine du ſentiment de ſes forces, il paroît y chercher les connoiſſances qu'il y apporte. On croira qu'il apprend ce qu'il a médité des années entières. Il écoute en diſciple, quand il peut parler en maître. Le ſeul indice qu'il donne de ſa pénétration, eſt la ſageſſe de ſes doutes. Ce n'eſt point cette circonſpection affectée qui n'eſt pas loin du dédain, ni cette prudence orgueilleuſe qui ſe méfie bien plus des autres que d'elle-même: ici le DAUPHIN ne ſe montre point, il ne ſe cache point; ſa retenue n'eſt point la réſerve; & ſon ſilence eſt d'autant plus modeſte, qu'il n'a pas même la prétention de vouloir être impénétrable.

Toujours fidèle à ſes principes d'obſcurité, il enveloppe ses bienfaits du même voile dont il couvre ses connoissances. L'histoire de sa vie nous a transmis les ruses innocentes dont il se servoit dans son enfance, pour dérober à ses instituteurs la prodigalité de ses largesses (3). Mais ces mêmes moyens, employés alors par la crainte qui veut fuir les contradicteurs, le seront dans un âge plus mûr, par la modestie qui veut échapper aux témoins. Pour satisfaire le penchant généreux qui l'entraîne, il a recours aux privations, ressource la plus conforme à sa modestie, parce que c'est celle de toutes qu'il peut cacher le plus, & qui, en apparence, dédommage le moins l'amour-propre. Gêné par la reconnoissance qu'il impose, sa bienfaisance a une sorte de pudeur : il craint de rencontrer les yeux de l'infortuné qu'il soulage. Sa félicité sera complète, s'ils peuvent échapper tous les deux, lui, à la gloire de donner; l'autre, à l'embarras de recevoir. Que d'autels élevés dans les cœurs à ce Dieu inconnu ! Et quand il ne peut résister à la pure douceur d'essuyer lui-même des larmes, quand il veut être le témoin, non des bénédictions que lui donne le pauvre, mais du bonheur qu'il lui procure, alors quels égards touchans! dirai-je, quel respect pour sa situation! on douteroit s'il vient d'accorder un bienfait, ou de contracter une dette (4).

Un esprit sain, a dit le plus célèbre Moraliste du dernier siècle (*a*), puise à la Cour le goût de la retraite & de la solitude. Cette pensée est d'un grand sens. L'esprit, dont les vues sont droites, ne cherche que la vérité; & à la Cour, tout est mensonge. Il ne s'occupe que de devoirs; & à la Cour, tout n'est qu'affaires. Il s'applique à connoître les hommes; & à la Cour, ils vivent tous sous un masque uniforme & trompeur. Nous concevons déja pourquoi LOUIS DAUPHIN, fixé dans ce séjour par nécessité, n'y paroît que par bienséance, & comment il ne laisse échapper aucune occasion de s'exiler lui-même. Mais quand cet amour de la retraite n'annonceroit pas

(*a*) La Bruyere.

en lui un ſage qui ſe méfie de ſon cœur, une ame forte & élevée qui fuit le tourbillon, de peur de s'égarer ou de ſe diſtraire, quel rôle plus ſublime pour un DAUPHIN, que de ſe préparer ainſi, par une longue ſolitude, à commander aux hommes ! que de s'eſſayer en ſecret à porter le fardeau d'une grande couronne ; de faire précéder ſon règne d'un recueillement religieux, comme celui qui, dans un ſilence mêlé de crainte, eſt dans l'attente d'un grand événement. Combien ce recueillement eſt auguſte ! combien il imprime ſur ſa jeuneſſe un caractère vénérable ! Y auroit-il au monde un objet plus ſacré, plus digne d'une eſpèce de culte ? Le Trône, en le plaçant plus haut, le rendra-t-il plus grand ? On a dit que le meilleur des Rois, étoit celui dont on parloit le moins dans l'Hiſtoire : ne pourrois-je pas ajouter que le plus grand des héritiers de l'Empire, eſt peut-être celui dont on parle le moins à la Cour.

Mais la malignité des hommes ne jugeoit point ainſi. Le DAUPHIN, qui ne pouvoit pas être l'objet de leur envie, devoit au moins être celui de leur censure. Je vois tout ce vil peuple d'intrigans qui pensent faire beaucoup de choses parce qu'ils font beaucoup de bruit, sourire dédaigneusement à sa paisible obscurité. Je les entends répéter, sans rougir, qu'il ne renonce à la réputation, que dans l'impuissance de la mériter; qu'il n'affecte des vertus modestes, que pour se dispenser d'avoir des qualités brillantes; & qu'enfin, ce qu'on appelle amour de la retraite, n'est en lui qu'une ruse de la médiocrité, pour être décemment inutile, ou de la paresse, qui veut languir avec grandeur. Ils se demandent, dans leur mépris superbe, ce que fait le DAUPHIN? Ce que fait le DAUPHIN! bas & lâches flatteurs, qui rampez à la Cour! & vous, vains discoureurs, qui languissez à la Ville! eh quoi! toute la vie doit-elle donc se passer en spectacles? N'est-il donc plus d'occupations sans mouvement, plus d'existence sans intrigue? Et le DAUPHIN ne sera donc le premier des courtisans, que pour être le premier ressort des

des cabales, de vos plaiſirs frivoles, ou de vos affaires encore plus frivoles que vos plaiſirs ? Quoi ! parce qu'il travaille ſans prétention, qu'il n'écrit que pour s'inſtruire, qu'il ne s'inſtruit que pour le devoir, & non pour la gloire, perdra-t-il à vos yeux le fruit de ſes travaux ? Pour être obſcurs, en ſont-ils moins réels ? & faudra-t-il en méconnoître l'importance, parce que vous n'en voyez pas les effets ? Ce que fait le DAUPHIN ! O peuple ! il ne fait rien pour la renommée, mais tout pour votre bonheur. Il ſonge à ſoulager un jour vos miſeres (5), à prévenir un jour vos beſoins ; il calcule vos facultés & vos impôts. Il vient de refuſer l'augmentation de ſa penſion, en demandant qu'elle ſoit diminuée ſur les tailles. Du fond de ſon cabinet ſolitaire, il a vu vos triſtes chaumières & vos campagnes déſolées. Que ne peut-il y porter l'abondance ! que ne peut-il les parcourir lui-même ! Ah ! s'il ne craignoit pas que les dépenſes de cette entrepriſe ne vous fuſſent trop onéreuſes, ô peuple ! vous le verriez au milieu de vous ; ſon cœur vient de former ce vœu ſublime : heureux, dit-il, s'il peut lui-même connoître vos reſſources, pour empêcher qu'un jour on ne vous calomnie. Ce que fait le DAUPHIN ! Demandez-le à tous ces ſages qui l'environnent ; interrogez tous ces grands hommes qu'il raſſemble, pour mettre à profit leurs lumières, leur propoſer ſes doutes : voyez-le devenir tour-à-tour leur diſciple & leur admirateur, & quelquefois leur juge ; rapprocher, comparer les mémoires qu'ils ont compoſés par ſes ordres ; s'inſtruire ainſi, tantôt par leurs diſcours, tantôt par leurs écrits, & redemander enſuite à la nuit les heures que lui ont dérobé les entretiens du jour. Ce que fait le DAUPHIN ! Ingrats ! vous le ſaurez trop tôt : vous l'apprendrez quand la mort vous l'aura ravi ; quand des écrits touchans, reſtes immortels de lui-même, vous auront rendu les confidens de ſes travaux, comme de ſes penſées : vous y verrez alors tous les projets de ſa grande ame ; celui de rendre aux mœurs leur vigueur antique ; celui de réprimer cette honteuſe vénalité qui met l'or à la place de tout ;

celui de réparer, par une économie sévère, l'épuisement des Finances ; celui de réformer les Loix, de naturaliser ces étrangères, de les ramener à l'unité, & de les rendre invariables & simples, comme les Loix de la Nature, comme celles de l'Eternel, dont elles doivent être l'image. Mais en attendant qu'une aussi grande perte vous éclaire, pénétrez, si vous en êtes dignes, dans son sanctuaire paisible, & dussiez-vous le profaner, contemplez-y ce grand Prince au milieu de ses jeunes enfans, jettant dans leur ame encore flexible, les premieres semences de la vertu ; ne demandant au ciel pour eux que ce qu'il a demandé pour lui-même, un esprit droit, une ame simple ; s'avouant comptable à la Patrie de tout le bien qu'ils peuvent faire un jour ; cultivant sur-tout cette tige naissante dont la France, après lui, doit recueillir les fruits ; & puis, osez encore demander ce que fait le DAUPHIN.

L'histoire nous a peint ces Princes orgueilleux & farouches, qui confioient à leur retraite le soin de leur grandeur, & ne se renfermoient dans l'ombre, que pour tonner avec plus de majeſté, comme la foudre dans la profondeur des nuages. Nous ne reconnoîtrons point à ces traits la ſolitude du DAUPHIN. Il n'en ſortoit que pour raſſurer la timidité & gagner la confiance. Ne craignons pas que cette habitude conſtante de vivre encore plus avec les livres qu'avec les hommes, que cette fuite continuelle de la diſſipation, altèrent en lui ſes qualités aimables; ce don plutôt que ce deſir de plaire; ce tact des bienſéances, & cet art des ménagemens; cette politeſſe vraie qui ſait ſe confondre ſi bien avec l'affabilité, & cette prévenance tout à la fois noble & touchante, qui obtient d'autant plus de reſpect, qu'elle accorde plus de familiarité. Une retraite philoſophique eut pu ſans doute dénaturer ſon caractère & deſſécher ſon cœur; retraite de caprice & d'humeur qu'inſpire la ſingularité, qui ſert d'aſyle à la miſanthropie, que recherche la fauſſe grandeur, pour ne pas ſe montrer de près; où l'égoïſme ſe réfugie pour fuir des hommes qu'il n'a ni le courage de ſupporter, ni la volonté de ſervir. Mais celle du DAUPHIN, cette retraite où la modeſtie conduit, où le devoir appelle ; celle qu'on ambitionne moins pour fuir les hommes, que pour s'étudier ſoi-même, moins pour peindre ſon ſiècle que pour travailler à le corriger ; cette retraite ne pouvoit affoiblir ni le charme de ſon caractère, ni la bonté de ſon cœur. Auſſi, verrons-nous le DAUPHIN paſſer tour-à-tour de ce recueillement de l'ame qui inſpire les grandes choſes, à cette effuſion du cœur qui s'épanche ſur les plus douces, & quand il le faut, ſur les plus indifférentes ; ſe livrer à tous les détails de la vie, comme s'ils euſſent dû remplir les inutilités & les vuides de ſes journées ; ſe proportionner à tous les objets ; allier les agrémens de l'eſprit avec l'auſtérité de la raiſon ; porter par-tout la dignité, & non le poids de ſes penſées ; & content de la ſociété & ſatisfait de ſa ſolitude, poſſéder ainſi le grand art de ſavoir vivre avec les autres autant qu'avec lui-même.

Le premier caractère de la modeſtie, c'eſt la ſimplicité ; ou plutôt ces deux vertus se confondent toujours, & se soutiennent l'une par l'autre. Le DAUPHIN n'eut pas seulement cette simplicité de caractère qui fait, sans faste, les grandes choses, & les petites sans dédain; il eut encore cette simplicité d'extérieur, qui écarte tout luxe & bannit toute pompe étrangère. Il ne cherche pas plus à en imposer par sa parure que par sa vertu, & tous les dehors de sa personne sont populaires comme son ame. Condamné par sa naissance à la représentation, on voit combien elle l'importune: on sent qu'elle n'est à ses yeux que l'esclavage bien plus que le privilége de son rang; & toutes ces distinctions éclatantes altèrent si peu sa simplicité naturelle, qu'elles deviennent les ornemens de sa vertu & la parure de sa modestie.

Ah! si ce grand Prince avoit pu vaincre la rigueur de sa destinée! il l'eût ramenée parmi nous, cette simplicité vénérable, & avec elle, l'amour des vrais plaisirs, l'ambition des vrais biens, le goût des choses saines. On les eût vu renaître, ces jours de notre gloire où nous n'étions point aimables, mais où nous étions grands, & son exemple, plus puissant que la loi, eût à jamais proscrit ce luxe corrupteur qui rétrécit tous les talens à mesure qu'il énerve toutes les ames, entraîne dans une même chûte & le goût & les mœurs, les arts & les vertus, & précipite la décadence inévitable d'un Peuple qui, à force d'être poli, bientôt redeviendra barbare.

Nous pensons bien qu'un Prince de ce caractère, qui cherche plus à mériter l'estime qu'à en jouir, plus à servir les hommes qu'à les étonner, ne devoit pas attacher un grand prix à leurs jugemens. Fixé sur des principes inaltérables, le DAUPHIN n'eut jamais la foiblesse de faire un sacrifice à l'opinion. Jamais la crainte de choquer son siècle ne l'empêcha de dire une vérité courageuse, ni de donner un grand exemple. Elle existoit déja, comme elle existe maintenant, cette secte de beaux esprits, qui se croyent nés pour distribuer à leur gré, les faveurs de la Renommée. Vains discoureurs qui prétendent suppléer les talens par les prétentions, & le génie par l'audace.

Sans cesse cabalant pour leur réputation, sans oublier de cabaler pour leur fortune; sans cesse s'agitant dans leurs inquiétudes toujours pénibles, dans leur ambition toujours trompée; tolérans dans leurs principes, & implacables dans leur orgueil; calomniant toujours le mérite qui les offusque, ou celui qu'ils ne protégent pas; prôneurs pour être prônés; & du haut de la dictature qu'ils se sont arrogée eux-mêmes, jugeant les lettres & les arts, les hommes & les siècles, avec un despotisme qui n'a cessé d'être révoltant qu'à force d'être ridicule. Une voie courte & sûre s'offroit donc au DAUPHIN pour conquérir la réputation : il n'avoit qu'à louer leurs talens sans même adopter leurs principes, qu'à flatter l'écrivain sans approuver l'incrédule; & les despotes orgueilleux, ivres de cet encens, lui eussent même pardonné ses vertus, & d'un seul mot, il s'assuroit l'apothéose : ménagemens indignes ! ils ne seront point faits pour mon Prince. « Nos grands » génies, disoit-il, nos Philosophes de » Paris doivent penser qu'ils ont bien de

» l'eſprit, & que le DAUPHIN en a bien » peu (*a*) ». Il ne ſe trompoit pas; mais il avoit placé ſon ambition ſi haut, il étoit, par ſes ſentimens, ſi au-deſſus de leur dédain, qu'il s'en applaudiſſoit, ſans ſonger même à le leur rendre. Eh! qu'à donc beſoin des beaux eſprits, celui qui veut uniquement cultiver en paix la ſageſſe, ſans regarder autour de lui, & qui, content de faire le bien, ne s'informe jamais ſi les hommes le ſavent. *Que dit-on de moi dans Paris?* demandoit ſouvent le célèbre DUC DE BOURGOGNE. Le DAUPHIN n'eut jamais cette inquiétude, qui, d'ailleurs, n'exclut pas la modeſtie: heureux de ſa ſeule conſcience, il attendit le jugement des hommes, comme il devoit attendre la mort, ſans empreſſement & ſans crainte.

Je viens de le nommer, ce Prince adorable, ce digne & tendre élève de Fénélon (*b*). Me ſeroit-il permis de me repoſer un inſtant ſur un objet ſi doux? Ombre chère! Ombre auguſte! mon cœur

---

(*a*) Vie du Dauphin.

éprouve en ce moment le beſoin de s'occuper de toi. Plus je ſuis plein de mon Héros, plus ta mémoire m'eſt préſente. Et pourquoi ſerois-tu étranger à cet Eloge? Le DAUPHIN n'eſt-il pas ton Fils? ne déſira-t-il pas que ſes enfans te reſſemblaſſent? n'eut-il pas tes deſſeins, tes vertus, hélas! ta deſtinée? Peut-être les dût-il, ces vertus, à la ſainteté de ton ſang qui coula dans ſes veines, à ton ſouffle ſublime qui inſpira ſon ame. LOUIS DUC DE BOURGOGNE! LOUIS DAUPHIN DE FRANCE! noms à jamais précieux, qu'on ne ſépare plus, qu'on ne prononce plus ſans attendriſſement! Jamais deux Princes ne méritèrent plus d'être rapprochés; jamais le ciel ne réunit plus de tréſors dans deux ames royales. Celle du DUC DE BOURGOGNE ſe rendit plus viſible; il eut plus de ce caractère impoſant, d'une vertu qui ſe montre: celle de LOUIS DAUPHIN fut peut-être moins expanſive; il eut plus de ce caractère touchant d'une vertu qui ſe cache. Trop long-temps éblouis, trop long-temps fatigués de cet amas de malheurs & de gloire, qui embellit & attrista tour-à-tour le règne d'un grand Roi, & le cours d'un grand siècle, les François durent saisir avec transport le spectacle nouveau de modération que leur offroit le DUC DE BOURGOGNE, & ses vertus pacifiques ne pouvoient faire que des enthousiastes. Dans des jours d'audace & de frivolité, de bel esprit & de mollesse, les exemples antiques de simplicité que donnoit le DAUPHIN, ne pouvoient être que dédaignés, & ses mâles vertus ne durent faire au moins que des indifférens. L'Héritier de LOUIS XIV fut l'idole de sa Nation : celui de LOUIS XV en fut le modèle. L'un fit les délices de la Cour ; l'autre en fut la censure. Celui-ci rencontra plus d'obstacles dans son siècle ; celui-là en trouva plus dans son caractère. Le DUC DE BOURGOGNE dut plus à son éducation ; le DAUPHIN, plus à la Nature. Peut-être que le premier n'eût rien été sans l'Auteur vertueux du Télémaque : nous pouvons dire, sans flatter le second, qu'il se créa lui-même. Ils eurent tous les deux une éducation difficile ; celle du DUC DE BOURGOGNE, parce qu'il oublioit trop ſouvent qu'il étoit Prince ; celle du DAUPHIN, parce qu'il ne l'oublioit pas aſſez. Ils furent tous les deux amis de leurs inſtituteurs : pleins de reconnoiſſance pour leurs ſervices ; cruellement éprouvés tous les deux, le DUC DE BOURGOGNE, par la diſgrace de l'Archevêque de Cambrai, & le DAUPHIN par celle du Duc de Châtillon : tous deux embraſés du ſaint amour des Peuples, tous deux enlevés au printemps de la vie, & tous deux à jamais regrettés, tant qu'il y aura en France des ſentimens & de la vertu.

Mais puiſque j'ai rappellé ici une des plus ſenſibles de nos pertes, il faut encore que je m'adreſſe à toi, auguſte rejetton du Héros que je loue (*a*). Prince aimable, qui, dans un jeune enfant, annonçois déja un grand homme ! Quelle eſt cette fatalité attachée à ton nom ? Pourquoi de ſi beaux

(*a*) Louis-Joſeph-Xavier, Duc de Bourgogne, Frère de Louis XVI, mort en 1761, à 9 ans & demi.

dons, & une ſi rapide exiſtence? Le ciel ne voudroit-il ici qu'honorer le ſang de nos Rois? ou nous le rendre doublement cher, & par les Princes qu'il laiſſe à notre amour, & par ceux qu'il ravit à nos eſpérances?

Nul de nous n'a penſé ſans doute que cette indifférence, que nous a montré le DAUPHIN pour les jugemens du vulgaire, ne fût en lui qu'un caprice farouche, & ce courage de principes qui lui faiſoit braver les préjugés, qu'un abſolu mépris pour l'opinion publique. Le DAUPHIN n'oublia jamais ni ce qu'il devoit aux Peuples, ni ce qu'il ſe devoit à lui-même. Indifférent ſur leur admiration, il ne l'eſt point ſur leur confiance. Plus ſoigneux, il eſt vrai, de travailler à ſa vertu qu'à ſa réputation, il n'ignore pourtant pas les grands avantages que ſa réputation peut procurer à ſa vertu. Il ſait qu'une trop grande inſenſibilité à l'opinion publique, qui peut n'être qu'un défaut dans un homme ordinaire, devient toujours un vice dans un Prince; & que ſouvent, en conduiſant les ſimples

Citoyens à l'indolence, elle entraîne toujours les Rois à l'aviliſſement. Ainſi, nous le verrons ſaiſir toutes les grandes occaſions pour déployer un grand caractère, & ſe montrer digne fils des Héros. Ainſi, quand les Miniſtres étrangers ſeront admis auprès de lui, il ſaura leur impoſer, par la pénétration de ſes vues, par la profonde connoiſſance de leurs Cours reſpectives, par l'étonnante facilité de parler leur langage, de démêler leurs intérêts, & obtenir ſur eux cet aſcendant de réputation qui leur fait reconnoître que l'*Enfant de l'Europe* (*a*) a déja mérité d'en devenir le Pere, & que ſa deſtinée n'eſt pas trop grande pour de ſi grands talens. Ainſi, oubliant ſeul ſon propre danger, il fera admirer ſa valeur aux champs de Fontenoy, en s'avançant, dans un moment affreux, pour rallier nos bataillons diſperſés, ranimer le ſoldat, appeller à grands cris l'honneur de la Nation (*b*),

---

(*a*) Ce nom lui fut donné à ſa naiſſance, par tous les Ambaſſadeurs.

(*b*) Marchons, François, s'écrioit-il, où eſt l'honneur de la Nation.

& pour charger cette lente & terrible colonne, que le hasard avoit formé peut-être autant que le génie. Ainsi, quand de nouvelles divisions ameneront de nouveaux combats, nous le verrons solliciter avec instance l'honneur du commandement ; & autant empressé de servir l'Etat à la tête des armées, que dans le silence de son cabinet, ne desirer rien tant que de courir de l'ombre du Trône dans la carrière de la gloire.

Qu'ai-je donc fait? ô Prince! pardonnez, j'ai parlé de la gloire : ai-je donc oublié que je fais votre Eloge? Et qu'est-ce que la gloire à vos yeux? c'est le tourment des ames vaines, c'est la soif des cœurs desséchés. Qu'ils embrassent ce fantôme, tous ces immortels éphémères ; qu'ils se sauvent dans l'avenir, tous ces grands hommes du jour, si inutiles au présent ; il est bien digne de leurs visions, ce monde imaginaire. Mais vous, grand Prince, qui vivez sous les yeux de Dieu, que vous importent les regards du monde? qu'importe que la terre applaudisse, quand le ciel vous approuve ? Faire du bien aux hommes, voilà votre ambition ; ne rien attendre d'eux, voilà votre gloire.

J'en dis encore trop. Non, le DAUPHIN ne fit jamais ce retour ſur lui-même ; il eût été pour lui trop voiſin de l'orgueil. Je n'ai rien fait, dit-il ſans ceſſe ; & ſon aveu eſt ſi ſenti, il croit ſi peu à ſes vertus, que ſa ſincérité lui ôte même le pénible embarras d'être modeſte. Si les acclamations & les bénédictions multipliées retentiſſent ſur ſon paſſage, il en eſt tout ſurpris. « N'ad» mirez-vous pas, s'écrie-t-il, ces bonnes » gens ? ils nous aiment, parce que nous » ne leur faiſons point de mal ». Ce bon Prince ſe plaît à oublier qu'il fait tout le bien qui eſt en ſon pouvoir, tout celui qui dépend de ſon rang, tout celui qu'on peut attendre de ſa jeuneſſe ; il ne ſe doute point des droits que ſes travaux lui ont acquis ſur la reconnoiſſance ; il ne ſoupçonne point que ſon exiſtence ſoit néceſſaire, ou que ſa perte puiſſe jamais exciter des regrets. Diſons tout : il ſe regarde, ſuivons ſes propres expreſſions, comme un homme

homme inutile; & c'eſt ici, ſans doute, la ſeule erreur qui l'ait jamais ſéduit.

Sentira-t-elle donc le vil beſoin d'être flattée, cette ame ſimple & vraie? S'enivrera-t-elle aiſément de cet encens trompeur, qui fume auprès des Trônes? Et croira-t-on que cette modeſtie inflexible qui vient de refuſer les hommages ſincères de la reconnoiſſance, accueillera le tribut impoſteur de l'adulation? Mercenaires rampans, qui trafiquez de vos menſonges, portez ailleurs votre poiſon & vos baſſeſſes; notre Héros ne connoît point d'autres amis que ſes cenſeurs. Par une loi nouvelle, le plus ſincère courtiſan ſera le plus habile; & les témoins de ſes vertus, à l'exemple de l'auguſte Adélaïde, viennent de lui promettre d'être les juges courageux de ſes foibleſſes (7). Mais, à qui viens-je d'adreſſer la parole? Les ſéducteurs ont déja fui: ſe ſont-ils même jamais montrés? Auroient-ils pu ſoutenir un inſtant ſon aſpect redoutable? J'en atteſte tous ceux qui l'ont connu: la ſeule reconnoiſſance fit à ſa mort ce que n'avoit jamais fait l'adulation; & par un privilége bien rare, s'il n'eſt point unique, la louange ne lui fut prodiguée que quand elle ne pouvoit plus le corrompre.

Quelle eſt donc cette ame rare & privilégiée, qui ne s'eſt jamais ſoutenue que par ſa propre force? Quel eſt cet homme extraordinaire qui a ſu toujours réſiſter à la plus inévitable illuſion des Princes, celle de confondre la gloire avec la vertu, & le devoir avec la renommée? Je me plais à faire cet aveu; j'ai tenté de me conſoler de n'avoir pu faire l'hiſtoire de ſon règne, en ſongeant que je pouvois m'occuper tout entier de l'hiſtoire de ſon ame. Forcé de le ſuivre ſur le Trône, dans l'appareil de la Royauté, dans ſes rapports immenſes avec ſon peuple, avec le monde entier; alors nous n'aurions pu le contempler aſſez dans ſa précieuſe obſcurité, dans le ſilence auguſte de ſa ſageſſe. Peut-être n'aurions-nous pu admirer aſſez cette partie de ſa gloire, qui n'en eſt pas la plus brillante, mais qui, ſans doute, en eſt la plus réelle; ce cours uniforme

& tranquille de sa vie cachée; cette continuité de jours, d'autant plus pleins qu'ils se ressemblent davantage; cet heureux concert de toutes ses occupations, qui, différentes dans leur objet, n'ont toutes que le même but; ce travail assidu, image de celui de Dieu, toujours fécond sous l'apparence du repos; cette succession non interrompue de devoirs qui s'enchaînent les uns aux autres, & de toute la vie, ne font qu'une vertu.

La voilà donc, cette vertu suprême, d'autant plus sublime qu'elle paroît moins haute. Cette sagesse qui ne mesure sa grandeur que par celle de ses devoirs, & non par celle de ses projets; qui n'a rien d'exagéré dans ses entreprises, comme dans ses moyens; toujours héroïque, puisqu'elle n'est jamais extrême, & que se renfermant dans de justes limites, elle n'a pas même la gloire de paroître un sacrifice.

Ainsi, vingt ans de paix, de modération & de retraite n'ont pu être enlevés à notre admiration. Nous avons connu le DAUPHIN, malgré sa modestie; nous l'avons entendu, malgré ſon ſilence : il a fui nos hommages, il n'a pas pu les éviter. Quoi donc ! & la vertu peut-elle ſe cacher ? N'a-t-elle pas ſon expreſſion & ſon langage ? Peut-on la méconnoître à ſon aimable ſérénité, à ſon autorité puiſſante & douce ? Ainſi, les ſiècles à venir pourront donc juger le DAUPHIN. Ils loueront, comme nous, ce mérite éminent qui le diſtingua toujours, le ſeul qu'il n'a pu nous cacher. Je parle de ce caractère de bienſéance & de dignité, qui n'eſt pas la vertu, mais qui ne ſubſiſte jamais ſans elle ; de cette ſimplicité de mœurs, la plus forte digue peut-être que les Princes puiſſent oppoſer aux paſſions ; de cette modeſtie vraie, qui étoit encore plus dans ſon caractère que dans ſon extérieur ; de cet amour de l'ordre, la premiere vertu des Rois, parce que c'eſt la ſeule dont ils ne peuvent point abuſer ; & enfin, de ce reſpect inaltérable pour la Religion, qui va mettre, dans cet Eloge, le dernier ſceau à ſa grandeur.

NOUS l'avons déja pressenti : en admirant dans le DAUPHIN cette vertu sans art qui s'ignore elle-même, toujours au-dessus de la gloire comme au-dessus de l'opinion, nous n'avons pu la séparer de la piété ; nous avons reconnu que l'humanité seule n'auroit pu le porter à ce degré d'élévation ; & que pour s'y soutenir long-temps, il falloit au DAUPHIN un guide plus parfait que la philosophie, un point d'appui plus sûr que la raison.

En faisant l'Eloge de son amour pour la retraite & de sa sublime simplicité, nous avons donc fait celui de sa Religion. Il ne s'agit plus maintenant que de montrer, d'une manière plus directe, l'influence particulière qu'elle a sur ses actions, le degré d'énergie qu'elle donne à ses idées, le caractère de grandeur qu'elle imprime à tous ses sentimens.

Nous ne dissimulerons point ici ses premieres imperfections, car nous ne saurions dire ses vices. Nous ne craindrons point de rappeller ces nuages légers qui obſcurcirent un inſtant ſon aurore. Peut-être qu'il en faut à la vertu comme à l'aſtre du jour, pour briller d'un plus vif éclat. Peut-être qu'ils entrent même dans la compoſition de ſa grandeur ; & que pour ſe connoître, elle a beſoin de ſes défauts, comme pour s'affermir, elle a beſoin de l'infortune. Une impétuoſité de caractère, qui ſemble faire craindre les grands orages des paſſions (8) ; une ardeur d'imagination qui l'emporte toujours au-delà du but ; une indolence pour le travail, à laquelle ſuccède une activité ſans objet ; une inconſtance que rien ne fixe ; une indocilité d'humeur qu'irrite toute contradiction ; une fierté de caractère (9), utile quelquefois quand elle vient de l'ame, toujours dangereuſe quand elle vient du rang : tels ſont les premiers traits ſous leſquels le DAUPHIN s'annonce. Déja ſont prêts de s'alarmer les Sages qui veillent ſur lui ; vains préſages des hommes ! ſon cœur ne s'eſt encore ouvert qu'aux impreſſions de la nature : attendons que la Religion ſe ſoit emparée de ſon ame,

& les obſtacles même ſe changeront en moyens ; & ſa vague impétuoſité ſe tournera toute entière en un travail utile ; ſon ardeur d'imagination en une ſenſibilité tendre ; ſon impérieuſe fierté en un ſentiment noble, qui deviendra la grandeur. Déja l'heureuſe révolution s'opère ; la Religion agit ſur ſon eſprit & ſur ſon cœur. Les premieres impreſſions s'effacent ; ſa violence naturelle, il la réprime ; ſon inconſtance, il la fixe ; ſon indocilité, il la dompte. L'homme ainſi ſubjugué va nous montrer un Chrétien ſublime. En parcourant l'hiſtoire de ſes Ancêtres, ſes yeux ſe fixent ſur le plus ſaint. Ils s'arrêtent avec délices ſur l'image de ce Prince immortel, qui laiſſa entre lui & ſon ſiècle une ſi grande diſtance, & qui ſut nous montrer que le vrai génie du Trône, c'eſt la vertu. Preſque par-tout il n'a vu que des vices éclatans & des célébrités menſongères : il admire dans LOUIS IX une grandeur toute fondée ſur le devoir, & le devoir ſur la piété ; ſon choix eſt fait, il le prend pour modèle. Au nom de S. Louis, ſon cœur palpite avec émotion, il brûle de lui ressembler; sans cesse il le cite, sans cesse il l'admire: l'ame de ce pieux Monarque semble encore respirer dans la sienne. Même respect pour la pudeur, même courage contre la volupté. Pas un égarement dans l'âge des foiblesses; pas même un seul oubli dans ces jours d'effervescence, où les Princes sur-tout mettent, au nombre de leurs vertus, tous les excès qu'ils ne commettent point. Aussi, je ne suis pas surpris que la plus religieuse des Reines se croye la plus fortunée des mères, & qu'elle dise avec transport: « le Ciel ne m'a donné qu'un » fils, mais il a pris plaisir à le former ».

Il ne pouvoit trop tôt se jetter dans les bras d'une Religion consolante. Son premier pas dans la vie devoit être pour lui la première leçon du malheur. Il vient de s'unir à l'Infante; à cet âge où les attachemens sont si vrais, les amitiés si tendres; où la passion, à force de sincérité, se confond avec la vertu; où l'amour même, dans une ame pure, a tout le charme de l'innocence. Leurs goûts ont une heureuse conformité, leurs cœurs s'entendent, ils ſe promettent des jours ſereins : illuſion trop vaine ! un lit de mort remplacera bientôt la couche nuptiale ; & des fêtes de l'hymen aux ſcènes lugubres du deuil, il n'y aura qu'un inſtant. Il a déja perdu la moitié de lui-même, & avec elle, le charme de ſa vie, tout le bonheur de ſa jeuneſſe. Laiſſons pleurer ce Prince malheureux : c'eſt ici que l'on aime à voir échouer toute la fermeté du Sage. Soit que l'on ſente alors que ſes larmes honorent l'humanité, ou plutôt qu'elles le rapprochent de la foibleſſe commune, on ſe plaît à les voir couler, & on ne lui pardonne ſon courage que lorſque, ſoutenu par la Religion, ce n'eſt plus la force de l'homme, mais la force de Dieu que l'on admire en lui. C'eſt le ſpectacle que nous offre LOUIS DAUPHIN. D'abord, la nature ſuccombe ; cette ame aimante n'a plus de vie que pour ſe pénétrer des horreurs de la mort. Mais la Religion viendra bientôt au ſecours de la nature. Long-temps il eſt inconſolable, mais il l'eſt en Chrétien ; & ſes pleurs intarifſables, en lui laiſſant toute ſa foi, ne ſervent qu'à prouver juſqu'à quel point il eſt capable de porter la tendreſſe.

Ce n'eſt encore ici que le commencement de ſes épreuves. Un nouveau coup ſe prépare, & ſon cœur doit être encore déchiré entre ſon Epouſe & ſon Fils. Cette fleur tendre ſe deſſeche, elle eſt tombée ſans retour. Le voilà condamné à pleurer ſur deux tombes. Il nous a peint lui-même l'égarement de ſa douleur (10). Tout lui rappelle ſon aimable DUC DE BOURGOGNE, ce premier objet de ſes ſoins; tout lui en retrace les traits; ils ſont gravés ſur les *murs qui l'entourent*; par-tout il croit le voir, par-tout il croit l'entendre: délire reſpectable ! nous n'aurons donc que cette vertueuſe foibleſſe à lui reprocher dans ſa vie. Mais tandis que ſa tendreſſe ſe plaît ainſi à ſe nourrir d'illuſions, ſa piété lui prépare des conſolations plus réelles. Il fait bien plus que de montrer du courage, il a de la réſignation, cette vertu céleſte qui peut ſeule donner au Sage le droit d'être ſenſible ſans foibleſſe, & courageux ſans orgueil.

Mais à quelle épreuve déplorable sa sensibilité est-elle réservée ? ô crime ! ô attentat ! le fanatisme arme le bras d'un sacrilége ; & les Annales de la France sont souillées d'un parricide de plus. Qui nous expliquera ce qui se passe alors dans l'ame du DAUPHIN ? Qui nous racontera ses mortelles alarmes ? Par quelles expressions son désespoir s'exhale ! Par quelles effusions sa tendresse s'épanche ! Dieu puissant ! venez donc au secours de votre ami fidèle : si votre bras ne le soutient, un nouveau danger nous menace. La France ne craint plus pour les jours de son Roi ; le DAUPHIN tremble encore. Ouverte enfin à l'espérance, son ame ne l'est point encore à la joie : il se dispute le plaisir de s'y livrer. O ses tendres amis ! ne cherchez point à le distraire ; il est une douleur qu'on ne soulage que par le sentiment qui la nourrit. Toujours fixé sur l'image de l'attentat, il lui semble « qu'il vit dans un autre siècle, & qu'il est » dans l'horreur d'un songe » (11). Dans cet affreux moment, il accourt aux pieds des autels : c'est dans le sein de la Religion qu'il répand ſon ame. Il ſe proſterne devant le grand Dominateur qui briſe, en ſe jouant, les Trônes : mais après s'être humilié ſous la main de l'arbitre ſuprême des Rois, il ſe relève avec une nouvelle force ; dans le trouble de ſa douleur, il nous laiſſe admirer tout le ſang-froid de ſa ſageſſe. Ses oracles ont rendu la confiance au Conſeil, ſes ordres ont remis le calme dans les eſprits, ſon courage a paſſé dans l'ame des Miniſtres, & l'un d'eux s'écrie, dans les tranſports de ſa ſurpriſe: « quelle tête ! chacune de ſes » paroles eſt un trait de lumière » !

Rappellerai-je encore ici la tragique aventure & cette chaſſe trop malheureuſe, qui devoit lui coûter tant de larmes ? Peindrai-je la déſolation & la douleur inépuiſable de cette ame ſenſible ? Comme il ſe précipite ſur la victime infortunée d'un coup involontaire ! comme il l'arroſe de ſes pleurs & lui prodigue les ſoins les plus touchans ! Eſt-ce ſon Ecuyer? eſt-ce ſon Fils ? il le confie aux plus habiles Maîtres ; il s'informe de ſon état de moment en moment; les témoignages étrangers ne lui suffisent pas, il s'agit de la vie d'un homme; l'intérêt est trop grand, il ne s'en rapportera qu'à lui-même. Qu'on ne lui dise point que sa main seule a été coupable, qu'il ne doit point expier, comme un crime, ce qui n'est qu'un malheur; vains discours! ils calmeroient une ame ordinaire. La sienne est trop profondément blessée. L'ombre sanglante du malheureux Chambord le poursuit sans relâche, elle l'obsédera jusqu'au bord de la tombe. Il écrit à la veuve (12), il adopte le fils, il comble de bienfaits la famille. Tant de réparations n'ont point suffi à sa douleur. Il ne croit point qu'on puisse racheter le sang humain avec de l'or, & qu'on répare un aussi grand malheur par des graces. Il faut à sa vertu une plus noble expiation, la seule qui puisse coûter à un Prince, la seule digne d'un Chrétien, celle des sacrifices. Il se l'interdit pour toujours, ce plaisir innocent, qui a pu devenir si funeste. On ne l'a point assez cité, ce trait sublime. Des Orateurs même ont été assez malheureux pour l'ignorer, je n'ose dire pour le taire. On ne l'a point aſſez répété dans les Cours, aſſez mis ſous les yeux des Princes. On n'a point aſſez dit que l'Héritier de la Monarchie Françoiſe crut s'acquitter à peine envers l'humanité, en payant la perte d'un homme de toutes ſes larmes, en expiant le crime du haſard par le ſacrifice de ſes plaiſirs, & par un déſeſpoir auſſi long que ſa vie. O Prince! je vous rends graces d'avoir donné un ſi bel exemple à la terre. Nous dirons maintenant que le Prince le plus religieux fut auſſi le plus humain. Nous dirons qu'il puiſa dans le Chriſtianiſme cette profonde ſenſibilité, ce ſaint reſpect pour la vie des hommes, qui eſt un de ſes premiers dogmes. Ah! il n'eſt donc pas vrai que la Religion endurciſſe & deſſeche les ames. C'eſt l'incrédulité, c'eſt la morale calculante de nos jours, c'eſt l'égoïſme ſyſtématique qui nous fait perdre tout ſentiment à force de raiſon; & dans ſa triſte indifférence, nous invite à tout diſcuter pour nous apprendre à ne plus rien aimer.

On ne peut donc ſe le diſſimuler; le DAUPHIN ne fut pas heureux. Ses plus beaux jours furent les plus obſcurcis. Frappé par les endroits les plus ſenſibles, dans ſes rapports les plus doux, dans ſes liens les plus chers, dans ceux d'Epoux, de Père, de Fils, de Maître; on ne ſauroit ici ſe défendre d'un ſentiment de triſteſſe : on ſe demande, en ſoupirant, ſi c'eſt donc-là le ſort de l'homme juſte ? Téméraires ! que faiſons-nous ? Qui peut donc ici-bas juger ſa deſtinée ? Nous ſommes-nous jamais élevés à ſa hauteur ? Savons-nous ce que vaut un ſeul jour de vertu ? Nous voyons ſes épreuves, connoiſſons-nous ſes dédommagemens ? Ah ! croyons que ſes larmes n'altèrent point ſa paix, que peut-être elles ſont ſes plus ſublimes jouiſſances ; & avant de le plaindre, cherchons-lui ſur la terre une plus grande deſtinée, que ſon triomphe ſur le malheur.

La même Religion qui le ſoutint dans ſes revers, forma auſſi ſes attachemens. L'inclination pouvoit bien d'abord lui déſigner ſes amis, la ſeule vertu les lui donnoit. Qu'elle étoit ſur-tout reſpectable, cette amitié qui l'uniſſoit au plus auſtère des courtiſans, comme au plus humain des guerriers (*a*). Combien étoit-elle loin de nos mœurs, & combien étrangère à ce ſiècle, cette tendre union de deux cœurs que ſembloient éloigner la diſtance des rangs & la différence des âges! C'eſt la jeuneſſe qui reçoit les conſeils de la maturité. C'eſt l'Héritier d'un grand Monarque, dans qui le beſoin de s'unir à une ame digne de lui, l'emporte ſur les froides réſerves qu'impoſe ſa naiſſance. Qu'on aime à ſe repréſenter le DAUPHIN traçant lui-même, de ſa main, cette prière vraiment touchante (13), & l'adreſſant chaque jour au Dieu des armées! comme ſi, dans ſa ſimplicité, il n'eût oſé ſe livrer à l'abondance de ſon cœur; ou qu'il eût cru que pour parler à Dieu de ſon ami, il devoit employer un langage plus ſolemnel. Qui peut lire cette prière ſans attendriſſement, ou ne pas ſe ſentir meilleur après l'avoir lue? Serois-je ici ſéduit par trop d'enthouſiaſme? Jamais LOUIS DAUPHIN ne

(*a*) M. le Maréchal du Muy.

m'inſpira

m'inſpira un intérêt plus tendre, & la prière qu'il fait au ciel, la prière qu'il compoſe lui-même, non pour un flatteur qui l'encenſe, mais pour un cenſeur qui le reprend, eſt, à mes yeux, l'expreſſion la plus ſublime de l'amitié, & un des beaux ſpectacles que puiſſe nous offrir la vertu.

Seroit-il moins intéreſſant dans ſon intimité avec ſes Sœurs auguſtes? dans cet accord invariable & pur comme la Religion, qui en étoit la baſe? Quels doux épanchemens! quels innocens plaiſirs! quelle ſociété touchante! Là, tous les cœurs étoient communs comme toutes les penſées. Là, ſe formoit un aſyle inacceſſible au torrent de la corruption. On y parloit de principes dans des jours d'impiété, de projets utiles dans un ſiècle de décadence. La triſte vérité dont le courage étoit enchaîné par le reſpect, venoit s'y conſoler dans le ſein des vertus; & qui ſait ſi ce n'eſt point ſur-tout à celles du DAUPHIN, à l'éloquence de ſes leçons, que la Religion doit ce grand & rare triomphe d'une victime auguſte, que l'Europe étonnée a vu ſe dépouiller des lys éclatans des BOURBONS, pour embrasser les saintes rigueurs de la croix?

Pénétrons plus avant dans l'ame du DAUPHIN, nous la verrons toujours chrétienne. S'il répand des largesses, il préfere toujours ces victimes doublement augustes, que consacrent la vertu & le malheur, & sa bienfaisance est charité. S'il cache ses vertus, c'est qu'il les rappelle à leur véritable source, & sa modestie est humilité. S'il réprime cette excessive vivacité d'esprit, qui dégénère trop souvent en railleries piquantes, c'est qu'il la voit contraire à la douceur chrétienne, & sa retenue est mortification. Si son cœur s'ouvre encore aux feux d'un amour chaste, s'il parvient enfin à surmonter la répugance qu'il a de partager, avec Marie de Saxe, un cœur trop plein encore de sa première Epouse, c'est un nouvel hommage qu'il rend à la piété; c'est par elle que Marie triomphe. Suivons-le dans ses travaux, dans ses plaisirs, dans le tourbillon des affaires, dans le tumulte des armes, par-tout la sainte idée de Dieu le soutient & l'anime. Dieu est dans son ame ce qu'il eſt dans l'univers ; communiquant à tout le mouvement, dirigeant tout par l'impreſſion de ſa main ſouveraine.

Que la Religion eſt grande ! Combien elle eſt ſublime dans les ſentimens qu'elle produit, comme dans les objets qu'elle contemple ! Qui nous dira tant de merveilles à la fois ? La raiſon perfectionnée ; l'inſtinct ennobli ; le règne des ſens reſſerré pour étendre celui de l'ame. L'homme enchaîné pour le rendre plus libre ; l'homme abaiſſé pour l'élever plus haut. De grands ſecours offerts ſans ceſſe à de grands combats, de grands motifs à de grands ſacrifices, de grands exemples à de grands devoirs. Dieu qui ſe mêle à tout, commande les vertus & les inſpire, devient la fin & le moyen, le témoin & le juge ; & dans la profuſion de ſes bienfaits, daigne ici-bas nous communiquer, par la foi, ce qui eſt inviſible ; par l'eſpérance, ce qui eſt éternel.

Par quelle étrange illuſion le ſentiment le plus auguſte du cœur humain en devient-il ſi ſouvent le plus rétréci ? Par quel mélange inconcevable cet or ſi pur s'obſcurcit-il ?

Que peut-il y avoir de commun entre la vérité & le préjugé, la piété & la superstition ? Et comment voyons-nous rapprocher si souvent tant d'extrêmes ? les plus hautes contemplations & les idées les plus rampantes ; des occupations toutes célestes & des pratiques puériles ; enfin, les vains songes de l'homme & les pensées immortelles de Dieu ? Tout doit-il être en nous marqué au sceau de la caducité ? Faut-il que l'homme imprime sur ce qu'il y a de plus divin, l'image de sa mort ? Et sommes-nous donc irrévocablement condamnés à attendre un nouvel ordre de choses, pour que la vertu soit sans préjugé, & la Religion sans foiblesse ?

Ne craignons rien pour le DAUPHIN ; son culte sera pur comme son cœur. Il voit la Religion sous son vrai point de vue : il l'étudie chaque jour dans sa source : chaque jour il consulte ces Oracles divins qui ne trompent jamais que le superbe scrutateur. A l'étude il joint la prière ; pourroit-il s'égarer ? Convaincu que la Religion ne souffre rien d'humain, que tout ce qui n'eſt pas grand la dégrade, il y porte cette nobleſſe de ſentimens, cette hauteur d'intelligence digne de la Fille du Ciel. Zélé ſans fanatiſme; toujours ſoumis, jamais crédule; humble, mais éclairé; tout eſt ſage dans ſes vertus, parce que rien n'eſt foible dans ſes lumières. Quand proſterné aux pieds des Autels, il montroit, par ſon recueillement profond, que les Princes ne ſont rien devant Dieu: lorſque, pour célébrer l'Être ſuprême, il ne dédaignoit pas de mêler ſa voix avec celle du Peuple, & que rigide obſervateur des ſaints préceptes, il ne trouvoit, dans ſon élévation, qu'une raiſon de plus d'y être fidèle, l'orgueil philoſophique ſourioit en pitié: comme ſi l'homme pouvoit jamais deſcendre quand c'eſt la foi qui l'abaiſſe, ou qu'il eût, dans ſon indigence, un plus noble moyen de s'élever vers Dieu, que le témoignage éclatant de ſon entière dépendance. Egalement éloigné des vains ſcrupules d'une ame étroite; de ces rafinemens de ſpiritualité, où l'imagination a plus de part que la vertu; de ces dévotions arbitraires, où le goût conduit plus que la règle ; de cette piété chimérique, qui ne se crée des fantômes brillans que pour se dispenser des devoirs ordinaires, le DAUPHIN ne sut être que Chrétien & fidèle.

C'est cette vraie & solide piété qui lui fait dire « qu'un Prince ne peut guères être » un homme d'oraison, mais qu'il doit mé-» diter sur ses devoirs ». C'est elle qui l'engage à employer une plume savante (*a*) pour se procurer des réflexions journalières ; « mais des réflexions, disoit-il, remplies » de pensées sans aucune phrase, pour » avoir de quoi méditer ». C'est elle qui lui fit toujours abhorrer les abus du pouvoir, ces coups d'une autorité arbitraire ; qui le tint toujours en garde contre les surprises de l'imposture & la lâcheté des délations. Elle qui lui apprit que dans les grandes places, il faut autant se méfier des artifices des méchans que de sa propre vertu, parce que celle-ci est toujours prompte à s'alarmer, toujours facile à se laisser séduire,

(*a*) Le Père Griffet, Jésuite.

toujours prête à frapper au ſeul nom de conſcience ; & que l'on voit ainſi le plus beau don du Ciel devenir trop ſouvent, dans des hommes puiſſans, le plus grand fléau de la terre.

C'eſt cette Religion toujours éclairée qui le convainc que l'économie eſt la vraie généroſité des Princes, que leurs faveurs ne font que des ingrats, que leur ſeule juſtice peut faire des heureux, « & que » l'excès dans les récompenſes eſt, pour » la Monarchie, un ſigne de décadence, » parce qu'il prouve que les principes ſont » corrompus, & l'honneur affoibli » (*a*). C'eſt elle qui lui inſpire encore ces maximes : « Qu'il eſt bien plus beau d'être les » délices que la terreur du monde : qu'un » Prince qui n'entreprend la guerre que » pour ſa gloire perſonnelle, eſt en hor- » reur à Dieu & aux hommes » (*b*) ; & qu'il eſt temps enfin qu'on dévoue à l'opprobre tous ces brillans déprédateurs qui

(*a*) Mſſ. du Dauphin.

(*b*) Mſſ. du Dauphin.

n'ont de grands talens que pour de grands désastres, & des succès que pour le deuil de l'Univers. C'est elle qui lui fait donner à ses enfans cette leçon continuelle : « Que » tous ceux qui le servent sont plus grands » que lui, s'ils sont plus vertueux ». O jour! où ce grand Prince, pour imprimer bien avant dans leur ame encore tendre, le sentiment de l'égalité primitive, ouvre devant leurs yeux le registre public où sont inscrits, sans distinction de rang, tous les enfans d'une mère commune; leur montre des noms obscurs qui précèdent des noms augustes; le Fils des Rois mêlé avec le Fils du Pauvre; leur peint ensuite toutes les conditions à jamais confondues devant la souveraineté de Dieu, & toute la prééminence des titres effacée comme une ombre devant celle de la piété! Sainte Religion, vivez donc dans l'ame des Princes; c'est à vous seule qu'il appartient de leur donner de grandes leçons. La raison leur dira qu'ils sont hommes, vous seule le leur ferez sentir; vous seule pouvez briser leurs ames hautaines, les fatiguer sous leur propre foiblesse, & abaisser leur grandeur empruntée devant la majesté éternelle de la vertu.

C'est cette piété vraiment éclairée, qui le rendit juste appréciateur des droits sacrés du Sacerdoce & de l'Empire. Il a suivi cette longue rivalité si féconde en scandales. Il a vu « l'ambition s'efforçant des deux » côtés d'augmenter son pouvoir, en obscur- » cissant les idées » (*a*). Il entreprend de les éclaircir. Guidé par des Oracles respectables, il marque les excès, il pose les limites (14). Dans une sainte impartialité, il reconnoît que la puissance du Clergé est celle de la vérité ; sa grande force, celle de la persuasion. Que le glaive des Rois leur donne le droit de défendre les Peuples, & non celui de les instruire ; & portant sur ce grand résultat un coup-d'œil vaste & sûr, il conclut que c'est de l'union de ces deux pouvoirs également subordonnés, ou plutôt également indépendans, que résultent la force & l'harmonie de la constitution monarchique ; qu'ils ne se nuisent

(*a*) MSS. du Dauphin.

que quand ils se choquent ; qu'ils ne s'embarrassent que quand ils se confondent ; qu'ils ne se soutiennent l'un par l'autre, que lorsqu'ils ne se mêlent point ; & que le mur de séparation ayant été posé par Dieu même, tous ceux qui tentent de l'ébranler, sont également sacriléges.

Convaincu de ces grandes maximes, qui sont celles même de la Monarchie, le DAUPHIN s'étoit proposé de soutenir avec vigueur la dignité de sa Couronne, si jamais les Ministres saints étoient assez peu jaloux de leur véritable grandeur pour aspirer à un Empire qui fût de ce monde. Mais un devoir non moins cher à son cœur eût été de protéger cette puissance qui doit nous être d'autant plus sacrée, que ses entreprises ne sont plus redoutables ; de venger l'autorité sacerdotale des attentats de la licence ; de frapper le novateur qui voudroit remuer les anciennes bornes, & de dire aux profanes : vous irez jusques-là. Qu'on ne nous parle point de superstition & de foiblesse. N'y auroit-il donc plus de milieu entre la foiblesse qui cède, & l'audace qui entreprend? entre la superstition qui révère tout, & la témérité qui renverse tout? Quoi! la vertu sera-t-elle plus respectée, quand ses Apôtres n'auront plus de pouvoir? Les mœurs seront-elles plus pures, quand on avilira leurs censeurs naturels? Ne faut-il plus révérer leur mission, parce qu'il n'est plus temps d'exagérer leurs privilèges? & parce que nous ne sommes plus barbares, faudra-t-il être impies? Etrange Politique! qui en expliquera la cause? C'est la dépravation qui s'indigne de toute espèce de barrière; c'est le mépris de toute autorité; c'est l'impatience de tout joug; & les frondeurs irréligieux ne veulent plus de Prêtres, que parce qu'ils abhorrent les Rois.

« Le Clergé, disoit le DAUPHIN, sert » de bornes au despotisme, sans lui opposer » de violence » (*a*). Belle maxime dans la bouche de l'Héritier d'un Trône, ne fût-elle pas évidente en saine politique. Il l'avoit bien senti, qu'un ordre de Citoyens qui, sans cesse, rappelle aux Rois la puissance de Dieu; qui, sans cesse, leur dit

(*a*) Mss. du Dauphin.

que la Religion n'eſt point leur ſujette ; qu'il eſt un pouvoir ſur la terre dont ils ne ſont pas la ſource ; à qui le Ciel a confié le noble ſoin de leur dire la vérité, eſt le frein le plus propre à réprimer la tyrannie. Que d'inviter les Rois à porter l'encenſoir, c'eſt leur dire qu'ils peuvent tout oſer ; & que s'ils parviennent jamais à uſurper des droits que tous les ſiècles ont reſpectés, ils s'accoutumeront bientôt à ne voir rien de ſaint que leur Couronne, rien de ſacré que leurs caprices (15).

Vrai Enfant de l'Egliſe, le DAUPHIN n'en eût été que Père plus tendre de ſon Peuple. Auroit-il jamais pu abuſer de ſa puiſſance, celui qui cherchoit ainſi un juſte tempérament à l'autorité ? « Toute » puiſſance, diſoit-il, vient de Dieu, & » doit retourner à lui ſeul » (*a*). Combien la Royauté doit être ſainte pour celui qui la voit dans une ſource auſſi pure ! Combien elle eſt ſacrée aux yeux du Prince qui n'enviſage dans le Trône de l'homme que le

(*a*) Mſſ. du Dauphin.

Trône de Dieu, & dans la puiſſance des Rois, que la puiſſance du Ciel même ! Mais il faut encore écouter ce grand Prince. « N'admirez-vous pas la ſainteté par excel- » lence qui réſide dans Dieu, ſon amour » pour le bien, ſa bonté qui nous aime » avec tant de tendreſſe, ſa juſtice qui » nous punit auſſi ſévèrement qu'il récom- » penſe avec uſure, ſon amour qui ne s'oc- » cupe qu'à faire notre bonheur.... Voilà » les traits de reſſemblance que l'autorité » des Rois doit avoir avec celle de Dieu » (*a*). Paroles ſimples, mais ſublimes ! Qui me donnera de les graver ſur tous les Trônes ? C'eſt ici le lieu de s'écrier avec Boſſuet, qu'elles effacent les diſcours les plus magnifiques, & qu'il faudroit ne parler plus que ce langage. Je vous appelle ici, ô hommes qui êtes Rois ! & vous, hommes, qui devez l'être ; & vous tous qui êtes chargés du bonheur des Peuples ; & vous, Peuples auſſi, il importe que vous l'entendiez ; c'eſt l'Héritier du plus beau Sceptre de la terre

---

(*a*) Mſſ. du Dauphin.

qui parle. Dans ces ſeuls mots, il vient de nous tracer le code entier des Souverains. Laiſſons tous les ſyſtêmes ; n'écoutons plus tous ces modernes Précepteurs des Rois : auprès de ce que le DAUPHIN vient de nous faire entendre, leurs diſcuſſions pénibles ne ſont que de vains rêves. Qu'on nous donne des Princes inſpirés par la Religion, des Rois animés de ces beaux ſentimens que nous montre LOUIS DAUPHIN ; & renvoyons après nos Sophiſtes, & tous ces Politiques profonds, & toutes ces têtes penſantes qui n'affectent depuis long-temps d'inſtruire avec hauteur, les Maîtres de la terre que pour les avilir, d'éclairer leur autorité que pour la combattre. Tenons-nous-en à ce principe ſimple, ſi fécond en grandes leçons & pour les Rois & pour les Peuples : « Toute puiſſance vient de » Dieu, & doit retourner à lui ſeul ».

François ! c'eſt ſur-tout à vos Maîtres que ce principe bien ſenti peut ſuffire. Maintenant que le pouvoir ne heurte plus le pouvoir ; que de ſubalternes tyrans ne bravent plus la Majeſté ; que les loix, dérivant d'une ſource unique, n'ont qu'une ſeule direction; que la marche de la juſtice plus uniforme en eſt devenue plus rapide, & que les Rois, ſûrs du reſpect des Grands & de l'amour du Peuple, peuvent faire le bien ſans obſtacle, & n'ont plus rien à redouter que leurs propres paſſions: ah! toute leur ſcience eſt dans l'Evangile. Qu'ils ſoient bien convaincus, à l'exemple du DAUPHIN, « que c'eſt pour Dieu que le Souverain » doit régner ſur ſon Peuple; que c'eſt » auſſi pour Dieu que le Peuple doit obéir » à ſon Souverain » (*a*). Voilà pour eux l'étude vraiment royale, & le grand ſupplément à toutes les lumières. Alors, pouvant tous ce qu'ils veulent, les Rois ne voudront plus que ce qu'ils doivent: l'obéiſſance ſera plus ſûre, parce que l'autorité ſera plus douce; & la Monarchie atteindra, ſans effort, ſans orage, à ce degré ſuprême de ſa félicité, où le Roi eſt au-deſſus de tout, & la Religion au-deſſus du Roi.

C'eſt ici qu'il me ſemble voir le DAUPHIN

(*a*) Mſſ. du Dauphin.

méditant cette vérité. C'eſt ici que je crois l'entendre s'adreſſer à la Religion, & lui dire, dans une tendre effuſion de ſon ame: divine Religion, viens, uniſſons-nous enſemble pour concourir un jour au bonheur de l'Empire auquel m'appelle ma naiſſance. Que pourrois-je ſans toi? La philoſophie ne me donnera que d'inutiles raiſonneurs; l'honneur humain, que des hypocrites; la politique, que des courtiſans; mes récompenſes, que des flatteurs; mes châtimens, que des eſclaves; toi ſeule peux me donner des ſujets. Par mes bienfaits, j'enchaînerai leurs cœurs; par tes leçons ſublimes, tu les épureras; par mes ſoins, je contiendrai les vices; par ta force divine, tu feras germer les vertus; j'encouragerai les arts, tu formeras les mœurs; je ferai reſpecter la juſtice, tu en inſpireras l'amour; tu parleras quand les loix ſe tairont; & ſi jamais l'oubli des ſaints devoirs, ſi l'ivreſſe de la puiſſance pouvoit jamais m'égarer moi-même, alors, tonne du haut des Cieux, remplis mon ame d'un effroi ſalutaire, rappelle-moi à mes ſermens; & que traîné devant

devant ton Tribunal, je reconnoisse qu'en toi seule les Princes ont un juge, & les Peuples un vengeur.

Seroit-ce donc ici ou le Héros, ou l'Orateur qui parle ? ce sont sans doute les expressions de l'Orateur; mais c'est l'esprit du Héros : ce sont les sentimens qu'il a manifesté lui-même : c'est ce qu'il a tracé dans ses écrits d'une manière si énergique. Sous quels grands caractères il y présente la Religion ! comme il y peint son ascendant impérieux sur les passions; le ressort prodigieux de ses craintes & de ses espérances : tantôt sa voix touchante qui attire, tantôt sa voix terrible qui retient : sa sévérité réprimante, non moins jalouse des pensées que des actions : son irrésistible puissance qui va saisir le crime dans sa solitude, & le tourmente jusques dans ses derniers retranchemens : son influence salutaire qui, des liens même politiques, en fait autant de liens sacrés. Comme il s'indigne contre ces insensés, qui s'efforcent de la détruire ! Comme il repousse avec horreur cette morale contagieuſe de nos jours, qui prépare inſenſiblement la décadence de l'Etat, ainſi que celle d'Epicure (ce ſont ſes expreſſions) entraîna la ruine de l'Empire Romain. Il avoit reconnu, que ſi jamais on rend ſuſpecte la Religion antique, on ôte aux hommes le ſeul frein capable de les retenir; qu'on l'anéantit, ſi on la change; qu'elle tombe à jamais, ſi elle cède un ſeul inſtant; & qu'en tout point, elle ne ſera plus qu'un vain jeu pour les hommes, ſi les hommes penſent jamais qu'elle peut devenir leur ouvrage.

Il avoit encore ſenti que de toutes les épidémies, celle de raiſonner ſans fin eſt la plus vaine & la plus triſte: que tout eſt perdu, ſi le Peuple s'abandonne jamais à l'intempérance de ſa curioſité, ſi jamais il parvient à ſubtiliſer ſur ſes devoirs: qu'il n'agira plus s'il diſcute: qu'il tient bien plus à la vertu par le ſentiment que par la raiſon, cette froide raiſon qui arrive ſi rarement quand on l'appelle, qui conſeille ſi foiblement quand elle répond: qu'à ce ſentiment qui le dirige, ſuccédera bientôt une inquiétude qui ne fera que l'agiter : qu'il deviendra atroce, ſi on le rend penſeur : que ce Peuple a beſoin, non ſans doute d'être trompé, mais d'être dominé par une force inviſible & ſecrète, ſur laquelle il ne doit point avoir de priſe ; qu'on la lui rend ſuſpecte par l'eſprit de doute, eſprit funeſte qui ne peut ſervir qu'à lui apprendre à ſe méfier de la conſcience : qu'en ce point même, tous les hommes ſont peuple : que pour eux, il n'y a plus de règles, dès qu'il n'y a plus de barrière ſacrée : qu'à force de leur dire de s'affranchir des préjugés, on les invite à ne plus reſpecter de principes, en nourriſſant en eux ce penchant ſecret, qui les porte à l'indépendance : que ne pouvant jamais connoître par eux-mêmes le terme où il faut s'arrêter, ce point ſi délicat, où la liberté devient licence, où le doute ceſſe d'être ſageſſe, où l'examen dégénère en audace, ſa vague incertitude doit porter à jamais dans les mœurs, l'anarchie ; dans la raiſon ; un délire ſans frein ; dans toutes les facultés de l'ame, l'engourdiſſement & la mort.

Une triſte expérience lui confirmoit ces vérités. Il voyoit ſe préparer la fatale révolution. L'invaſion des impies plus redoutable encore que celle des barbares ; & à ſa ſuite, l'eſprit de la Nation qui s'altère & qui baiſſe ; la France languiſſante dans une conſomption interne, dont peut-être elle ne ſe relevera plus ; un aſſemblage monſtrueux de luxe extrême & d'extrême miſere ; de graves bagatelles & de frivolités profondes ; un mélange inoui de toutes les horreurs avec toutes les graces, de tous les crimes avec tous les agrémens ; tous les excès commis au nom de la raiſon, tous les écarts au nom du génie. La dégradation des ames entraînant celle des eſprits. Des talens ſans élévation, des caractères ſans énergie : plus rien de ſûr dans les principes, plus rien de grand dans les paſſions. Des ſyſtêmes à la place des vertus, des problêmes au lieu de devoirs : de grands mouvemens pour de petits objets, de grandes récompenſes pour de petits travaux, de grandes réputations pour de petits ſuccès; & plus que tout cela encore, l'oubli de toute vérité, mille fois plus funeſte que l'irreligion déclarée, & la fatale indifférence qui, mettant fin à toutes les diſputes, mettra bientôt le comble à toutes les erreurs.

A la vue de cette affligeante perſpective, nous ne demandons point quels étoient les ſentimens du DAUPHIN. Il gémiſſoit amèrement; il s'occupoit des moyens efficaces d'arrêter un jour le mal dans ſa ſource. Il avouoit « que s'il faut plaindre l'aveu- » glement des impies, il n'eſt jamais per- » mis de tolérer leurs licences » (*a*). Mais plus jaloux de les réprimer par la voix de la raiſon que par celle de l'autorité, il armoit contr'eux les talens que n'avoit point encore ſéduit l'attrait de la nouveauté. Il encourageoit la plume ingénieuſe qui les a tour-à-tour accablés ſous le poids des preuves, & ſous les traits du ridicule. Lui-

(*a*) Mſſ. du Dauphin.

même il ſe propoſoit de les combattre (16). Oh ! s'il avoit pu achever ſon ouvrage, ce réſultat de tant d'études, cette production de ſon ame encore plus que de l'Art ! l'élévation de ſes penſées eût certainement répondu à la grandeur de ſa foi ; la perſuaſion eût tout inſpiré ; il eût fallu ſe rendre à l'éloquence de ſon cœur, & nous euſſions eu, dans ce genre, un chef-d'œuvre de plus. Un décret rigoureux s'oppoſoit à ce beau deſſein. La même Providence qui permit autrefois au plus ſuperſtitieux des Princes de produire, contre l'Evangile, ſes rêves inſenſés, ne voulut pas que le plus éclairé eût le temps de lui conſacrer les efforts de ſon génie. Auroit-elle eu deſſein d'inſtruire la terre ? Voudroit-elle montrer que la Religion n'a pas beſoin des Rois, qu'elle ſeule eſt vraiment ſouveraine, & que ſans eux elle ſaura ſe ſoutenir, comme ſans eux elle s'eſt formée ? Mais les regrets de la Religion n'en feront pas moins vifs : long-temps elle pleurera ſon auguſte Apologiſte ; long-temps elle en conſervera le ſouvenir amer ; & chaque violation de ses droits, chaque entreprise sur son autorité, chaque nouvel outrage de l'impie, seront pour elle autant de retours de douleur vers la tombe de ce vertueux Prince.

Hélas ! il devoit donc y descendre si-tôt ! Santé, Jeunesse, biens trompeurs ! je vois déja cette santé robuste s'altérer, cette jeunesse florissante se flétrir. Nous y touchons à ce grand moment, qui vaut seul la plus belle vie du monde ; moment où l'Orateur est toujours éloquent, quand il ne cherche point à l'être, & où, pour l'être, il ne lui faut que la simplicité d'un récit fidèle (17). Qu'ils nous laissent ici jouir de leur silence, ou de leurs embarras, tous ces Panégyristes qui ont loué l'impie ; ils rougissent pour leur Héros, ils n'osent nous montrer sa triste nudité. Tout s'est glacé, tout s'est éteint sous la main de la mort ; les transports de l'enthousiasme, les graces de l'imagination, il ne lui reste plus que les vices de l'ame. Pour nous, bien loin de redouter le dernier moment du Chrétien, nous l'attendons avec impatience, parce qu'il y déploye sa sublimité toute entière, & que le terme de sa vertu en est en même-temps le comble. Déja le péril est certain, le doux espoir nous abandonne : la mort, depuis long-temps cachée, se montre à découvert; les tristes nuits se prolongent; le paisible sommeil s'est enfui de l'asyle du Sage. Tout a donc été vain ! les vœux du Prêtre, le jeûne du Soldat & les larmes du Peuple. Il faut donc briser tous les liens, & s'arracher à tout ce qu'il aime ! dans la force de l'âge, où l'ame, encore neuve, sent toute son énergie pour faire le bien: à cette heureuse époque, où la vie a moins d'erreurs sans avoir moins de charmes, & où l'expérience qui nous fait connoître les hommes, ne nuit point encore à la sensibilité qui nous les rend chers. Combien alors les regrets doivent être vifs, & les séparations douloureuses! Que de morts on éprouve dans une seule mort ! Que si la foudre gronde de loin; si le calice distille goutte à goutte; si la mort rassemble toutes ses forces pour frapper une tête auguſte ; ſi, non contente de lui ravir le reſte de ſes jours, elle ſemble aſpirer encore à ſe jouer de ſon courage ; ſi elle joint aux plus vives douleurs une lenteur déſeſpérante, & qu'on admire en même-temps, dans la jeune victime, une patience que rien n'affoiblit, une réſignation que rien n'altère, alors le monde n'a pas de ſpectacle plus grand pour les regards du Ciel. O toi ! le premier de nos Orateurs, quand tu ne ſerois pas le premier de nos Pontifes ! toi, qui du triomphe des Héros mourans ſus faire le triomphe de ton éloquence, Aigle ſublime, que ne puis-je prendre ton vol ! Rien n'a manqué à ton génie qu'une auſſi grande perte à déplorer, qu'une auſſi belle mort à peindre. Oh ! comme tes penſées ſe fuſſent élevées avec celles du DAUPHIN ! comme ton ame ſe fût agrandie avec ſon ame ! Avec quelle hauteur impoſante tu nous euſſes raconté la magnanimité d'un jeune Prince qui voit, d'un œil ſerein, & ce Trône brillant qui diſparoît pour faire place à un cercueil,

& ce corps qui tombe en ruines, & l'abyme inconnu qui s'ouvre par degrés, & le temps qui s'engloutit avec ses songes ! Avec quel pathétique tu nous eusses retracé cette prudence qui délibère, cette fermeté qui exécute, cette bonté qui reconnoît tous les services, cette tranquillité qui juge de tous les regrets, qui voit couler toutes les larmes ; « cet air de ravissement & de béatitude » qui brille dans ses yeux » (*a*) ; ces mains défaillantes, assez fortes encore pour serrer les mains d'un ami (*b*) ; ce cœur qui ne palpite plus qu'à force de tendresse ; ces aimables inquiétudes de la fraternité, de l'amour conjugal ; ces adieux touchans qui sortent d'une bouche glacée ; ce doux sourire qui règne encore sur des lèvres mourantes.... Quels coups de lumières ! Quelle majesté religieuse tu n'eusses pas répandu sur un si grand tableau ! & peut-être que ton discours eût été le dernier prodige de

---

(*a*) Lettre de Madame la Dauphine.

(*b*) L'Evêque de Verdun.

l'éloquence, comme la mort de mon Héros eſt le dernier miracle du courage humain.

Du courage humain ! mais l'homme ſeul pourroit-il donc ſe ſoutenir ainſi lui-même ? Ce doux calme de l'ame dans ce moment terrible, aux portes d'un avenir impénétrable, parmi toutes les ſcènes de la déſolation, & toutes les horreurs d'un dépériſſement progreſſif, & toutes les angoiſſes d'une longue agonie, ne ſeroit donc qu'un triſte effort de la Nature ? Ah ! c'eſt le triomphe du Chrétien, c'eſt le charme puiſſant de la ſainte eſpérance ! LOUIS DAUPHIN l'a reconnu lui-même. « Cela » vient de Dieu », s'écrie-t-il. Oui, grand Prince, cela vient de Dieu. Eſt-il ſans Dieu de vrai courage ? Malheur au Philoſophe qui ne voudroit, en ce moment, que déployer ſes propres forces. C'eſt Dieu qui vous a inſpiré ce ſentiment ſublime : « que vous occuper du retour de votre » ſanté, eſt une penſée qui deſſeche votre » ame, & vous empêche de vous unir à » lui ». C'eſt lui qui vous a donné la force de rassembler autour de vous vos augustes Enfans, & de leur dire, en leur montrant vos bras décharnés : « Voilà ce que c'est » qu'un grand Prince ; Dieu seul est im» mortel ». C'est lui qui vous fait demander « si vous serez encore long-temps privé » de la joie ineffable de sa vue ». C'est lui qui vous soutient dans l'appareil des cérémonies redoutables, & vous laisse assez de présence d'esprit pour redresser le Pontife que sa douleur égare. C'est lui qui règne seul en ce moment, & remplit tout de sa présence. Pouvoir suprême de la vertu mourante ! disons plutôt de la vertu qui ne meurt point. Qu'elle est grande au milieu de la destruction ! Tous les cœurs sont émus, tous sont ouverts à son impression céleste : où est le libertin ? que devient l'incrédule ? L'orgueil de la raison est désarmé, toutes les passions se taisent ; on ne voit plus ici que le DAUPHIN & la Vertu. Nul ne peut s'empêcher de se dire à soi-même : quelque chose de divin est ici. Je veux mourir de la mort de ce Juste ; je veux vivre dans cette Religion où meurt LOUIS DAUPHIN: & maintenant, que l'impie comprenne, qu'il voye, & qu'il ſoit confondu. Ne raiſonnons plus avec lui: la mort du DAUPHIN, pour qui ſaura la méditer, ſera déſormais plus éloquente que tous les livres. Pour moi, ô Prince! je ne veux plus que ſavoir votre mort: & ſi jamais ma foi pouvoit être ébranlée, je relirai l'hiſtoire de votre heure dernière; & fort de toute votre magnanimité, je viendrai abjurer tous mes doutes auprès de votre tombe, & me jetter dans les bras de cette Religion qui forma vos derniers ſentimens, & reçut vos derniers ſoupirs.

Mais le grand coup eſt parti d'en haut. Que n'ai-je encore ici ce pinceau terrible qui traça la nuit déſaſtreuſe, & la nouvelle retentiſſante tout-à-coup comme un éclat de tonnerre! Quelle calamité vient de tomber ſur la Nation! Mille cris de douleur me l'annoncent. Ces longs accens du déſeſpoir qui vont ſe perdre dans le ſilence de la conſternation, cette fuite précipitée de la Maison Royale, ces vastes Palais où ne règne plus que la mort; ces Guerriers magnanimes qui semblent avoir perdu tout leur courage, ces mêmes Guerriers qui avoient joui depuis peu de sa familiarité touchante (17). Le jeune homme oublie ses plaisirs ; l'ambitieux ses intrigues ; le courtisan, pour la première fois, s'occupe de la Patrie, & sent la perte de l'Etat. D'un bout du Royaume à l'autre, un grand cri vers la Providence se fait entendre. On pleure le DAUPHIN comme un ami pleure son ami, comme une mère pleure son fils unique; & le bon Peuple, uniquement frappé d'une mort aussi déplorable, ne songe pas même à pleurer sur son propre sort; il ne voit plus qu'un jeune Prince dont il admiroit les qualités prématurées, dans qui, par une loi secrète, tout a été rapide, ses vertus comme ses jours. Mais nous qui, dans une douleur plus calme, avons pu mesurer toute l'étendue de notre perte, ah! ne pleurons pas sur le DAUPHIN; il n'a perdu qu'un Trône, & qu'est-ce qu'un Trône pour la vertu? Mais pleurons ſur le Peuple & ſur la Religion, qui perdent le fruit de ſes veilles; pleurons ſur la fatale deſtinée des Empires. Que nous importe l'exiſtence de ces vulgaires Héritiers des Trônes, qui doivent y monter ſans effroi, & d'où la mort doit, tôt ou tard, les précipiter ſans gloire? Vrais fléaux de la terre, s'ils ne ſont qu'inutiles, quel nom faudra-t-il leur donner, s'ils deviennent méchans? Mais ce vertueux Prince, que nous avons entendu répéter ſi ſouvent: « ſi jamais j'ai le malheur de » règner ». Celui qui nous atteſte, dans ce dernier moment, où l'homme ne ment plus, « n'avoir jamais enviſagé le Trône que du » côté des devoirs qui l'accompagnent & » des périls qui l'environnent ». Ce Prince qui ne ſe propoſoit rien tant, que « de ſacri- » fier au Peuple ſon plaiſir, ſon temps, » ſa vie, ſa gloire même » (*a*). O Dieu de ma Patrie! ô Dieu de ma Religion! & de ſi beaux projets ne ſeront donc que les

(*a*) Mſſ. du Dauphin.

rêves de l'homme juſte ? Quoi ! votre ſageſſe éternelle ſe plairoit-elle à confondre tous nos deſſeins ? ou votre inflexible juſtice a-t-elle donc voulu punir le ſiècle par la perte d'un Prince dont le ſiècle n'étoit pas digne ?

Il n'eſt plus ! & même en mourant il a craint de nous être à charge ; il a voulu que ſa pompe funèbre fut ſimple comme ſa perſonne. Loin de la demeure faſtueuſe des Ombres Royales, ſa cendre vénérable repoſera parmi celle du pauvre, dont il fut l'ami. Peut-être que la poſtérité ne lira point ſon hiſtoire : il n'a fait que du bien, & il l'a fait ſans oſtentation. Mais ſi le DAUPHIN ne jouit pas d'un nom fameux dans les Annales de la Monarchie, ſa mémoire ſera précieuſe dans les Faſtes de la Religion. Tous les vrais Sages ſe tranſmettront ſon nom de bouche en bouche ; & dût l'Hiſtoire, trop accoutumée à ne peindre que les brillantes révolutions, dédaigner un Héros qui n'eut point de victoires à expier, il exiſtera parmi nous une tradition ſacrée, qui apprendra à nos derniers Neveux que

le

le DAUPHIN ne vécut pas assez pour notre bonheur, mais assez pour sa gloire, & qu'il ne fut pas Roi celui qui craignit tant de l'être.

Il n'est plus! mais il règne ce même Duc DE BERRY qu'il embrassa un jour avec transport, lorsqu'au sortir de ses instructions, il lui dit: « que le temps qui lui paroissoit le » plus court, étoit celui de l'étude » (*a*). Ce Prince, dont il prophétisa qu'il feroit un jour tout le bien qu'il pourroit connoître. Il règne l'Héritier de sa simplicité & de sa modestie; & si l'ordre se rétablit, si la justice semble renaître, ah! c'est qu'il vit sous les yeux de l'Auteur de ses jours, & qu'il en est sans cesse environné. Non, nos larmes n'ont rien qui le blesse, notre douleur n'insulte point à ses bienfaits; il est trop occupé lui-même du prix qu'il nous a coûté: il ambitionne trop de ressembler

(*a*) « Après que ses enfans furent sortis, (dit » Madame la Dauphine dans une de ses Lettres) » il me rappella le plaisir qu'il ressentoit, de ce que » le Duc de Berry lui avoit dit ».

à ſon auguſte Père, de nous faire oublier ſa perte, ou de nous conſoler du moins par cette idée bien douce, que le Père de ſon Peuple eſt le Fils du DAUPHIN.

NOTES.

(1) JE n'ai fait que parcourir, ou plutôt qu'indiquer rapidement les ramifications diverses de ses connoissances & les travaux qu'il embrassa depuis qu'*il eut repris*, comme il le dit lui-même, *son éducation sous œuvre.* La Vie & les Mémoires de ce Prince offriront au Lecteur un plus ample détail. Il y verra son goût éclairé pour tous les Arts d'agrémens ; sa passion dominante pour tous les Orateurs & les Poëtes du siècle d'Auguste, & sur-tout pour Horace, qu'il avoit tout entier gravé dans sa mémoire. Ses essais dans l'Eloquence & la Poésie, qui furent les jeux de son enfance: Les rapides progrès qu'il fit à l'école de Newton. Cette avidité de génie à laquelle nos richesses nationales ne suffisoient pas. L'étude approfondie qu'il fit de tous ces Insulaires raisonneurs. Ses traductions de Pope & d'Adisson. Ses notes savantes sur Grotius, Puffendorf, & autres fameux Publicistes. Sa réfutation de plusieurs principes de M. de Réal. Sa profondeur dans toutes les Sciences, soit exactes, soit économiques. Cette immensité de mémoires sortis de sa plume féconde. Son habileté dans la Tactique, & sur-tout dans la Marine, qui faisoit demander aux Officiers de mer, où il avoit appris le Pilotage & l'Art de la manœuvre. Mais ce qui frappera le plus, c'est ce coup-d'œil de génie

qu'il avoit porté dans l'Hiſtoire de ſa Nation. Il conçoit le plan d'un monument hiſtorique, ouvrage immenſe dont il n'a trouvé nulle part le modèle. Il ſe propoſe d'interroger chaque ſiècle, de rapprocher, ſous un ſeul point de vue, le bien & le mal qui s'eſt fait depuis Clovis juſqu'à nos jours, de tirer par le paſſé une règle ſûre pour l'avenir, de faire ainſi de l'Hiſtoire de la Monarchie un cours de Droit public, & de fixer, par les événemens même, la morale toujours flottante du Gouvernement. Pour cela, il partage en quarante époques les treize ſiècles de l'Empire François. Il les compare, il les ſuit par degrés, & ſaiſiſſant tous les traits de lumière qui ſortent du contraſte des différens règnes, il en extrait la vérité. A l'aide de ce rapprochement, il étudie les cauſes de la grandeur ou de la décadence de l'Etat; les progrès de la barbarie ou de la civiliſation; l'influence des loix ſur les mœurs, & des mœurs ſur les loix; la juſte proportion qui doit régner entre ces loix & nos beſoins; les rapports qu'elles doivent avoir avec notre climat & notre caractère; les ſuites funeſtes du deſpotiſme où rien n'eſt abus, parce que tout eſt malheur. Le grand art d'éviter, dans l'Etat, toute criſe violente, d'affoiblir inſenſiblement les préjugés pour les détruire ſans orage, & l'art plus grand encore de les diriger vers le bien: & toujours appuyé ſur l'expérience, il conclut que le bien politique eſt eſſentiellement lié au bien moral, & que *la juſtice eſt la baſe des Etats.* Conſéquence invariable & éternelle à laquelle devoit ſe rapporter tout l'Ouvrage du DAUPHIN, qu'il ne pût exécuter qu'en partie. Ouvrage où l'on auroit senti l'inutilité de la politique moderne, & un des grands abus de la philosophie qui met au jour beaucoup de livres, sans songer que les faits valent mieux que les systêmes; qui n'établit presque toujours que des principes isolés qui ont leur vérité peut-être comme sentences, mais qui étrangers à l'état donné des choses, sont par conséquent inapplicables & toujours chimériques à force d'être beaux.

(2) Milord Harcourt. Voilà, disoit ce Seigneur, dans sa méprise, voilà un Officier qui me paroît singulièrement instruit pour son âge. Comment l'appellez-vous? — C'est le Colonel du Régiment Dauphin. — Mais je voudrois savoir son nom, car je n'ai point encore vu de François plus aimable. — Mais ordinairement on l'appelle M. le DAUPHIN. Un Seigneur racontant au DAUPHIN que ce Milord ne l'avoit pas reconnu: « il est vrai, répondit le » Prince, que j'ai été un peu surpris du ton de fa» miliarité qu'il prenoit avec moi, mais j'ai cru que » ce pouvoit être un effet des libertés Angloises ».

(3) Peu de Princes ont donné l'exemple d'une générosité plus précoce, & en même temps plus modeste. Son Gouverneur ayant remarqué qu'il donnoit aux pauvres avec trop peu de discrétion, fixa à un écu ses libéralités. Alors, quand il rencontroit un pauvre qui lui paroissoit le plus misérable, il

glissoit adroitement un louis sous l'écu qu'il lui donnoit. Il fut un jour si touché de la misere d'une femme, que n'osant, en présence de son Gouverneur, la soulager aussi généreusemeut qu'il l'eût voulu, il lui dit tout bas, de se rendre devant son appartement, dans le temps qu'il lui assigna. A l'heure marquée, il ouvrit sa fenêtre, reconnut la femme, & lui jetta quelques louis. Un Militaire imploroit sa protection pour obtenir une gratification méritée. Le DAUPHIN alors à peine âgé de douze ans, lui fit compter le double de la somme qu'il demandoit. — « Tenez, Monsieur, vous reviendrez solliciter, si vous » voulez, votre gratification, quand vous serez » guéri ». Une autre fois il vuida sa bourse dans les mains d'un Officier, & le força même d'accepter des bijoux qui lui étoient chers. Une Communauté dont il avoit fait réparer les bâtimens, vouloit ériger un monument à sa bienfaisance. Point d'inscription, dit alors le DAUPHIN à ceux qui lui firent part de ce projet, point d'inscription, ou je ferme ma bourse.

(4) Taisez-vous, disoit-il à un Officier qui s'efforçoit de lui témoigner sa reconnoissance par ses démonstrations, taisez-vous, car assurément je vous ai fait trop attendre.

(5) Il seroit difficile de rendre combien le DAUPHIN aimoit le peuple, cette portion de l'Etat la plus digne d'être heureuse, dont la fidélité tient plus au dévouement qu'à l'obéissance, & qu'il seroit barbare

d'accabler, parce qu'on est toujours sûr de le soumettre. Il n'en parloit jamais sans attendrissement. Il se plaisoit à mettre sous les yeux de ses Enfans le tableau de sa misere. « Qu'on les conduise, disoit-il, » dans la chaumière du pauvre, qu'on leur fasse » voir le pain noir dont il se nourrit, la paille hu- » mide qui leur sert de lit, je veux qu'ils appren- » nent à pleurer ». S'il entend dire qu'il n'y a point de misere daus le Royaume: « il faut donc, répond- » il, que la Providence veille; car, suivant mon » calcul, il doit y en avoir ». De-là, ce respect qu'il eût toujours pour la propriété du pauvre. « J'aime- » rai toujours Monseigneur le DAUPHIN, disoit » un Laboureur, parce qu'à la chasse, il n'entre » jamais dans les terres ensemencées ». Après la petite-vérole, le Roi lui offrit de l'argent, comme un moyen de plus d'adoucir sa convalescence: « je puis, » dit-il, me passer de cette somme, & le pauvre Peuple » en a besoin ». Il déclaroit un jour qu'il étoit plus jaloux d'être aimé des paysans que des courtisans. A la naissance du Duc de Bourgogne, il obtint du Roi qu'on employât au soulagement des pauvres, ces mêmes sommes qu'on devoit prodiguer à de stériles réjouissances. Quand on lui présenta l'état des frais qu'entraîneroit le voyage qu'il avoit projetté dans nos Provinces: « oh! en vérité, s'écria-t-il, » toute ma personne ne vaut pas au pauvre » Peuple ce que lui coûteroit ce voyage, je ne veux » plus y penser ». Sa grande maxime étoit que « toute » imposition sur le Peuple est injuste, lorsque le

» besoin général de la société ne l'exige pas ». Traçant un jour, avec autant d'art que de soin, le plan d'une Maison Royale, il dit à ses Courtisans: « savez-vous ce que je trouve de mieux dans ce » Palais? c'est qu'il ne sera jamais exécuté qu'au » crayon, & qu'il ne coûtera rien au Peuple ».

(6) LOUIS DUC DE BOURGOGNE, aïeul du DAUPHIN, mort à Marly le 18 Février 1712, à l'âge de 30 ans: populaire, sans faste à la Cour de LOUIS XIV, un des Princes peut-être qui ait été le plus frappé des malheurs de la guerre, le plus sensible aux miseres publiques. Si Dieu me donne la vie, disoit-il, c'est à me faire aimer que j'emploierai tous mes soins. De douze mille francs qu'il avoit par mois, il en employoit onze au soulagement des pauvres. Dans sa dernière maladie, il ordonna que l'on vendît, pour eux, tous ses diamans. Il avoit, comme le DAUPHIN, demandé des mémoires aux Intendans, pour connoître les Provinces: comme lui, il refusa l'augmentation de sa pension: il s'honora, comme lui, d'une égale victoire sur son caractère, qu'on regardoit comme indomptable. Mais ce qui n'a pas moins contribué à rendre chère sa mémoire, c'est la tendre amitié qui l'unissoit à Fénélon: c'est ce commerce qu'il entretint avec *son cher Archevêque*, même après sa disgrace: c'est d'avoir su apprécier l'ame sublime de son Instituteur, dont la grandeur n'étoit pas de son siècle: ce sont enfin les larmes que Fénélon lui-

même répandit ſur ſa tombe, & l'amertume avec laquelle il s'écria, en apprenant ſa mort : *tous mes liens ſont rompus.*

(7) Cette ligue, d'une eſpèce bien rare, dura juſqu'à la mort de ce Prince. On remarqua qu'un de ſes Courtiſans, ſi l'on peut toutefois l'appeller de ce nom, dut ſon élévation au courage qu'il avoit eu d'être ouvertement d'un avis contraire au ſien. « Tout le monde nous flatte, diſoit-il un jour, & » chacun a ſes raiſons pour le faire ». Madame la Dauphine, alors préſente, lui demandoit s'il la mettoit au rang de ſes flatteurs : —« Quelquefois, & ſur- » tout quand je ſuis malade ». Et Adélaïde ? —« Oh! » pour elle & l'Abbé, (de Saint-Cyr) je les crois » très-diſpoſés à me redreſſer toutes les fois que je » n'irai pas droit ».

(8) Cette crainte ne dura pas long-temps. « Ses » défauts, écrivoit le Duc de Châtillon, ne m'ont » donné d'inquiétude que juſqu'à ce que j'aye re- » connu la ſource d'où ils partoient. Une vivacité » bouillante, & le ſentiment précoce de ſa deſtinée » en ſont le principe ; mais le cœur eſt trop bon » pour qu'on ait à craindre des ſuites. Il me dit bien » que je me moque de lui, qu'il ſaura en rabattre » de ce que j'exige : ſa mauvaiſe humeur dure un » moment, il vient l'inſtant après m'offrir la paix, » en avouant ſes torts ».

On trouve à ce ſujet, dans la vie du DAUPHIN, une anecdote ſingulièrement piquante. Son Gouverneur lui parloit un jour de ſes vivacités. « Je vous » avertis, Monſieur, lui dit le DAUPHIN, que je » déſavoue, par avance, toutes les ſottiſes que je » pourrai faire à l'avenir : imaginez-vous, dans » ces momens, que c'eſt le vent qui ſouffle ». Un jour qu'il ſe laiſſoit emporter à ſon humeur, ſon Gouverneur faiſant alluſion au propos qu'il lui avoit tenu, dit que le vent étoit bien fort. « Oui, » oui, Monſieur, reprit le jeune Prince avec émo- » tion, *& la foudre n'eſt pas loin* ». Le Gouverneur contrefaiſant l'homme qui avoit peur, ſe boucha les oreilles. Le Prince ſe mit à rire, vint l'embraſſer, & lui dit : « j'avois pourtant bien promis de ne plus » me mettre en colère, je vous en fais mes excuſes ».

(9) On en peut juger par la ſeule réponſe qu'il fit à l'âge de neuf ans, au Cardinal de Fleury. Ce Miniſtre aſſiſtant un jour à ſon dîner, entreprit de lui faire une leçon de modération. Il fit, pour cela, l'énumération de tout ce qui l'environnoit, & à chaque choſe qu'il nommoit, il ajoutoit : « cela, Mon- » ſieur, eſt au Roi ; rien de tout cela ne vous ap- » partient ». Le DAUPHIN écouta fort impa- tiemment la remontrance, ſans pourtant interrompre le Cardinal. Quand elle eût été achevée, le jeune Prince voyant qu'on avoit tout donné au Roi, ſans rien lui laiſſer : « eh bien ! reprit-il avec émotion, » que tout le reſte ſoit au Roi, au moins mon cœur » & ma penſée ſont à moi ». Une réplique d'un ſi grand ſens étonna le Roi & toute la Cour, &

annonça que l'enfant qui étoit capable de la faire, ne feroit pas un homme ordinaire.

(10) « Les lieux, les murailles même nous rap-» pellent ce que nous avons perdu, comme feroit une » peinture: il femble que l'on y voit les traits gravés. » Que l'on entende la voix, l'illufion eft bien forte ». (*Lettre du Dauphin à l'Evêque de Verdun*).

(11) « Je fuis à peine revenu (écrivoit alors le » DAUPHIN à l'Evêque de Verdun) de l'horreur » où j'ai paffé ces cruels temps-ci. Je crois toujours » rêver, quand je penfe à ce que j'ai vu: je l'ai vu » & ne puis le croire: je me crois tranfporté dans » un autre fiècle. De quelques malheurs que les dif-» fentions préfentes m'offriffent le tableau, celui-» là ne s'étoit jamais préfenté à mon imagination ». Il faut lire cette Lettre toute entière dans les Mé-moires de ce Prince; l'on jugera, par le défordre & le ton de vérité qui y règnent, fi le DAUPHIN aimoit le Roi. Jamais fils ne fut plus refpectueux & plus tendre: il en donna des preuves non équivoques dès fa première jeuneffe, dans la maladie de Metz. C'eft alors qu'on le vit accourir, pour baigner de fes larmes le lit de fon Père mourant, oublier même fon obéiffance pour n'écouter que fon amour; occa-fionner, par fon obftination, la difgrace de fon Gou-verneur, qui n'eut pas la fermeté de le retenir; fe défoler, comme s'il eût dû perdre toutes fes efpé-rances; & s'écrier, dans l'excès de fon affliction: « que va donc devenir ce pauvre Peuple? quelle

» ressource lui reste-t-il ? moi ! un enfant ! ô Dieu ! » ayez pitié de moi ». Dans sa dernière maladie, ses plus vives inquiétudes étoient pour le Roi. Il lui faisoit souvent des excuses de ce que son séjour à Fontainebleau le dérangeoit de ses voyages : il les lui renouvella quelques jours avant sa mort. Le Roi lui répétant que cela ne le dérangeoit point : « je » suis bien sûr, lui dit-il, que c'est par bonté que » vous le dites ; mais si nous étions à Versailles, » vous iriez à Bellevue, Trianon ou Choisy, & je » me reprocherai toujours d'avoir eu la fantaisie » de venir ici ». Le Roi lui ayant assuré qu'il n'étoit dérangé en rien : « mais, me dites-vous cela » en conscience ? » Oui, répondit le Roi. « Ah ! » s'écria le DAUPHIN, que vous me soulagez » ! Pendant toute sa vie, il prévint les moindres volontés de son Père, étudia ses moindres desirs. Aussi, le Roi lui donna-t-il cette belle louange : qu'il n'avoit jamais eu d'autre chagrin de son fils que celui de sa mort.

(12) « Vos intérêts, Madame, (écrivoit alors le DAUPHIN à Madame de Chambord) » vos intérêts » sont devenus les miens. Je ne les envisagerai jamais » sous un autre point de vue .... pour vous & pour » l'enfant que vous allez mettre au monde. Après » l'horrible malheur dont je n'ose vous retracer » l'idée, mon unique consolation sera de contribuer, » s'il est possible, à la vôtre, & d'adoucir, autant » qu'il dépendra de moi, la douleur que je ressens

» comme vous ». Cette Dame étant accouchée, le DAUPHIN voulut tenir l'enfant ſur les fonds de Baptême avec Madame la Dauphine. Quelqu'un lui repréſenta que c'étoit contre l'étiquette, & qu'une pareille démarche n'étoit point d'uſage. « Il n'eſt point » d'uſage non plus, répondit ce Prince, qu'un Offi- » cier du DAUPHIN périſſe par la main de ſon » Maître ».

(13) La voici telle qu'on l'a trouvée dans les papiers de ce Prince : « Seigneur, Dieu des armées, arbitre » ſouverain de la vie & de la mort : vous qui, du » milieu des combats, détournez, quand il vous » plaît, les coups de deſſus ceux que vous voulez » ſauver, exaucez ma priere, en prenant ſous votre » protection votre fidèle ſerviteur du Muy ; ſervez- » lui vous-même de bouclier ; éloignez de lui le » fer & le feu, les maladies, & l'atteinte mortelle » de la contagion ; ſoutenez-le dans ſes travaux, afin » qu'il continue de me donner, comme il a toujours » fait, des conſeils pleins de piété & de ſageſſe, & » qu'il m'aide à défendre la Religion & la Juſtice ».

(14) On a bien tort, diſoit le DAUPHIN, dans une lettre, *de me regarder comme Ultramontain*. Ceux qui lui faiſoient ce reproche ne connoiſſoient point ſans doute ſes écrits : ils ignoroient avec quelle ſageſſe il s'étoit exprimé dans une matière auſſi déli- cate. Ecoutons-le parler lui-même. « Dans quels » excès un Prince ne peut-il pas être entraîné par » un zèle mal entendu ? Laiſſer les Miniſtres de

» l'Eglise empiéter sur les droits de la puissance » temporelle, n'est-ce pas introduire l'Anarchie dans » l'Etat, & l'ambition dans le Sanctuaire ? Juger » les décisions de ceux qui sont les dépositaires de » la foi, se rendre maître absolu de la discipline » & du culte, n'est-ce pas entreprendre sur cette » autorité que J. C. a confiée aux premiers Pasteurs, » & qu'il a si bien distinguée de celle qu'il leur or- » donna de respecter dans la personne des Empereurs ? » On sent aisément que ces deux Puissances n'ont ni » le même fondement, ni le même objet, ni la » même fin ». Il avoit divisé, en quatre chefs, l'extrait du Livre de M. de Marca, *de la Concorde du Sacerdoce & de l'Empire.*

« La protection que le Souverain doit aux Ecclé- » siastiques.

» Les précautions qu'il doit prendre contre leurs » entreprises.

» En quoi ils sont soumis aux Juges ordinaires.

» En quoi ils en sont indépendans.

L'on peut juger par-là combien injuste étoit la prévention contre ce Prince, & combien ses vues furent éloignées de cet esprit de fanatisme, le plus affreux de tous les maux, après l'esprit d'irréligion & de systême.

(15) L'application de cette grande vérité est sans doute bien moins sensible dans un Empire tel que le nôtre, où le Souverain ne règne que par les loix. Mais il n'est pas moins constant que nos modernes

déclamateurs, en affectant de s'élever contre la distinction des deux Puissances, en s'efforçant de les réunir dans la même main, ont bien moins consulté les intérêts du Peuple que leur haine contre la Religion. Comment n'ont-ils pas vu qu'anéantir le corps intermédiaire du Clergé, ou, ce qui est la même chose, ne lui donner, dans les objets purement spirituels, qu'une mission émanée des Souverains, c'étoit ôter au despotisme une digue d'autant plus forte, qu'elle le paroît moins, d'autant plus salutaire, qu'elle l'arrête sans le heurter ? Car, qui sait jusqu'à quel point est puissant le respect qui supplie & la foiblesse même qui réclame ? On a vanté les progrès qu'a fait la liberté dans les Monarchies Protestantes : on auroit dû parler aussi des révolutions & des orages qu'y a causé l'esprit de schisme. Mais quand ces progrès seroient réels, il seroit toujours évident que depuis cette époque où les Pasteurs, en se séparant de la succession antique, perdirent tout à la fois leur autorité avec leur caractère ; la Royauté qui, par sa nature, tend toujours à s'agrandir, n'a besoin que d'un grand moment pour rompre toutes ses digues ; & que les Peuples de presque la moitié du Nord ont plus à redouter, que les autres, l'instabilité de leurs constitutions, & plus à se précautionner contre des circonstances malheureuses. Cela est vrai, sur-tout de l'Angleterre ; elle n'a pas su tout ce qu'elle accordoit à son Roi, en lui laissant usurper la suprématie de la Religion. Aussi, dit Montesquieu, que les Anglois conservent bien leur liberté ; s'ils venoient à la perdre, ils seroient un des Peuples les plus esclaves de la terre.

(16) Le Philosophe ne manquera pas sans doute ici d'insulter au Prince Théologien. Il feindra même de ne pas voir que ce projet, médité par le DAUPHIN, ne nuisoit point à ses travaux politiques, & qu'ainsi, l'étude de la Religion n'étoit en lui qu'un mérite de plus. C'étoit sur-tout contre les anciens adversaires du Christianisme, que le DAUPHIN destinoit son ouvrage ; persuadé que les modernes, qui n'en sont que les copistes, seroient frappés du même coup. Il ne crut point que ce dessein fût au-dessous de son rang, comme il n'étoit point au-dessus de ses connoissances. L'histoire de l'Eglise lui étoit aussi familière que l'histoire de sa Nation. Il ne paroissoit aucun Livre contre la Religion, qu'il ne l'analysât & qu'il n'en fît sentir, avec une admirable sagacité, le danger ou le foible. Un jour qu'il parcouroit, avec l'Abbé de S. Cyr, une de ces productions impies, il s'arrêta sur un endroit qui avoit quelque chose de séduisant. L'Abbé de Saint-Cyr lui dit alors qu'il ne se souvenoit pas d'avoir jamais entendu proposer ce sophisme. « Comment, M. le Docteur, répartit » le DAUPHIN, parce que cette vieille chicane » de Celse est habillée à la Françoise, vous ne la » reconnoissez pas » ? & en même-temps il lui cita l'Auteur Ecclésiastique qui l'avoit réfutée.

(17) Rien n'est plus beau & plus touchant que le récit de la mort du DAUPHIN. Je n'ai point oublié

oublié la profonde impreſſion qu'elle fit ſur mon cœur dans ma tendre jeuneſſe. Je ne pus alors que pleurer, & je ne prévoyois point qu'une grande occaſion m'étoit réſervée pour la célébrer & la peindre. Les moindres circonſtances en ſont précieuſes, & tout y eſt ſublime à force d'être ſimple. Ce n'eſt point ici cette oſtentation de courage, ni encore moins cette affectation de gaieté ſi déplacée dans un pareil moment : c'eſt je ne ſais quel aimable abandon qui nous laiſſe admirer d'autant plus le Héros, qu'il nous cache moins l'homme. Nulle maxime, nulle ſentence : par-tout le ſentiment naïf, par-tout l'épanchement aimable. Dans ſa conſtance même, il permet, il demande qu'on le conſole : il ne cherche qu'à diſtraire les autres de ſon propre danger. On lui apprend que le deuil eſt univerſel, & que les Temples retentiſſent ſans ceſſe des vœux & des ſoupirs de toute la Nation. « Hélas ! il y a ſix » mois que bien des gens me déteſtoient ; je ne » l'avois pas plus mérité que l'amour qu'on me » porte aujourd'hui. — J'eſpérois faire mes dévotions » à Noël, dit-il à ſon Médecin ; dites-moi ſi je » puis vivre encore quinze jours ». Le Médecin verſe des larmes. — « Raſſurez-vous, vous ſavez que je » ne crains pas la mort ». Son Confeſſeur l'invite à prier Dieu pour ſa conſervation. — « Permettez que » je ne demande à Dieu que l'accompliſſement de » ſes volontés ; ſes penſées ſont bien différentes des » nôtres ». Il lui dit que ſa ſanté intéreſſe la Religion. — « Celui qui a établi ſa Religion ſans moi,

» saura bien la soutenir sans moi ». Il se reproche ensuite jusqu'à la joie involontaire qu'a produit dans son ame une lueur trompeuse d'espérance. On lui administre les derniers Sacremens : sa voix à demi éteinte se ranime pour prononcer ces paroles terribles : *partez, ame chrétienne, allez jouir de la paix que vous attendez dans le sein de Dieu.* « Je suis ravi, » dit-il à Madame la Dauphine ; je n'aurois jamais » cru, que recevoir ses derniers Sacremens, donnât » tant de consolations ». Le Roi fondant en larmes, se précipite sur son lit. — « Ah ! votre attendrisse- » est la seule chose qui me fasse de la peine en ce » moment ; je vous ai toujours été inutile, & je » vous laisse chargé de mes enfans ». Il lui recommande encore le fils de son malheureux Ecuyer. Exhorté de faire à Dieu le sacrifice de sa vie : — « Ah ! » si vous saviez combien ce sacrifice me coûte peu. » Oui, si j'avois mille vies, je les sacrifierois à l'ins- » tant au desir de voir Dieu ». Il remercie les grands Officiers de la Couronne. Il rassemble autour de son lit ses menins. — « Approchez, Messieurs, que je » vous voye tous. Je vous remercie bien des peines » que vous avez prises, & de l'attachement que » vous avez eu pour moi.... Je vous ai donné lieu » quelquefois de vous impatienter, en vous faisant » attendre : vous me le pardonnerez sûrement de bon » cœur. Adieu, Messieurs, je vous prie de vous » souvenir de moi ». Il demande d'épancher son cœur sur ses enfans ; il veut leur donner sa bénédiction, & ses leçons dernières toujours si éloquentes dans la bouche d'un Père mourant ; mais ſon cœur ne peut être ſatisfait ; il ne lui eſt permis que de leur faire porter ſes derniers vœux. Il s'adreſſe à leur Gouverneur : « Je vous charge, Monſieur, de dire à mes » enfans que je leur ſouhaite toute ſorte de bonheur » & de bénédictions ». Son attendriſſement étouffe ſes paroles ; il s'efforce vainement de continuer : — « Ah ! il ne m'eſt plus poſſible de pourſuivre ; » achevez, Monſieur, (s'adreſſant alors à ſon Confeſſeur) » de dire, en mon nom, ce dont nous » ſommes convenus ». D'une main défaillante, il détache deux boucles de ſes cheveux qu'il donne à Madame Adélaïde & à Madame la Dauphine. « Que » je ſuis aiſe de te voir, dit-il à cette Epouſe déſolée, » & que je t'aime » ! Il s'informe enſuite ſi elle a pu pleurer. Touché des témoignages ſolemnels de l'amour des François, il lève au Ciel ſes mains glacées : — « Mon Dieu, je vous en conjure, protégez » à jamais ce Royaume ». Il ſe nourrit de l'eſpoir conſolant d'aimer encore dans le Ciel « ceux qui lui » ont été ici-bas les plus chers ». Il cherche l'ame de tous ceux qui l'entourent. En prenant la main de l'Evêque de Verdun : — « Mettez-la ſur mon cœur, » vous n'en êtes jamais ſorti ». Le Medecin lui tâte le pouls : — « Ah ! tâtez-le plutôt à l'Evêque ». Qu'il a de courage ! dit-il, en parlant de ce Prélat, qui raſſembloit toutes ſes forces pour l'exhorter à mourir. Ce bon Prince ne penſoit point au ſien. Il oublioit ici ſa propre fermeté, comme il avoit, toute ſa vie, oublié ſa vertu. Il expira enfin dans les bras de l'amitié, dans le sein de la foi, le 20 Décembre 1765, à la 35e année de son âge, & justifia ainsi la vérité de ces deux vers:

Connu par ses vertus plus que par ses travaux,
Il sut penser en Sage & mourir en Héros.

(18) C'est au Camp de Compiegne, quelques mois avant sa mort, que le DAUPHIN, passant en revue son Régiment de Dragons, se montra si populaire & si aimable. C'est alors qu'on le vit s'entretenir familièrement avec tous, se confondre dans la foule, demander grace pour ceux qui avoient manqué à la discipline militaire, « ne voulant pas que » personne fût malheureux dans un jour qui lui causoit tant de joie ». S'adresser aux simples Soldats, & leur dire, tenant le bras de son auguste Epouse: « approchez, mes enfans, voilà ma Femme ». Parole digne du bon Henri! scène vraiment attendrissante, que la mort de ce Prince ne sembla suivre de si près, que pour leur rendre plus douloureux le sentiment de sa perte.

FIN.

www.ingramcontent.com/pod-product-compliance
Ingram Content Group UK Ltd.
Pitfield, Milton Keynes, MK11 3LW, UK
UKHW021550260726
13993UKWH00002B/750